2018·产业金融发展蓝皮书

中国产业金融发展指数报告

中国（深圳）综合开发研究院课题组◎主编

CHINA 'S INDUSTRIAL FINANCE DEVELOPMENT INDEX

中国经济出版社
CHINA ECONOMIC PUBLISHING HOUSE
北京

图书在版编目（CIP）数据

产业金融发展蓝皮书（2018）：中国产业金融发展指数报告 / 中国（深圳）综合开发研究院课题组 主编 .
—北京：中国经济出版社，2018. 11
ISBN 978-7-5136-5380-0

Ⅰ. ①产… Ⅱ. ①中… Ⅲ. ①产业发展—金融—研究报告—中国—2018 Ⅳ. ①F832

中国版本图书馆 CIP 数据核字（2018）第 226463 号

责任编辑 赵静宜
责任印制 巢新强
封面设计 久品轩

出版发行 中国经济出版社
印 刷 者 北京力信诚印刷有限公司
经 销 者 各地新华书店
开 本 710mm×1000mm 1/16
印 张 14. 5
字 数 200 千字
版 次 2018 年 11 月第 1 版
印 次 2018 年 11 月第 1 次
定 价 66. 00 元
广告经营许可证 京西工商广字第 8179 号

中国经济出版社 **网址** www. economyph. com **社址** 北京市西城区百万庄北街 3 号 **邮编** 100037

课题组联系方式

联系人：张祥

电话：0755-82470464

电邮：zx@ cdi. org. cn

中国金融中心信息网：http：//www. cfci. org. cn

序

2018 年对于中国金融行业而言，注定是不平凡的一年。结构性去杠杆持续推进，中美贸易摩擦不断升级，人民币汇率不断走低，资本市场表现低迷，我国宏观经济运行稳中有变，将面临新问题和新挑战。金融业发展也面临大调整、大变革、大转型，发展方式由高速度转到高质量，加快回归于服务实体经济的本源。

通过定向降准等货币政策工具引导金融机构加大对小微企业、绿色经济等领域的支持力度，通过加强监管使产业资本向金融资本延伸的势头减弱，通过风险分担机制构建使得资金流向实体的通道不断畅通，金融加快“脱虚向实”。然而，金融结构性错配、金融服务“主动脉”梗阻和“微循环”不畅、资本市场功能不完善等问题仍然很突出，需要借鉴经验、把握时机，开展刮骨疗伤式改革，实现实体经济、科技创新、现代金融、人力资源协同发展。

在金融业界和济南市人民政府的大力支持下，我们编制了《产业金融发展蓝皮书（2018）：中国产业金融发展指数报告》，我们希望通过该报告，及时系统地评估直接服务实体经济发展的产业金融活动效率和效益，总结新成绩，发现新问题，借鉴新经验，提出新思路，引领产业金融探索更合理、更高效、更高质量的发展，为金融改革和创新发展提供新视角。

是为序。

2018 年 9 月于深圳

目录
CONTENTS

上篇　指数评价篇

第 1 章　中国产业金融发展指数研究框架/ 3

1.1　指数编制背景 / 3

1.2　指标设计原则 / 4

1.3　评价体系框架 / 5

1.4　核心指标定义 / 7

1.5　数据处理方法 / 19

第 2 章　中国产业金融发展综合指数/ 24

2.1　综合指数结果 / 24

2.2　评价指标特征 / 26

第 3 章　中国产业金融发展分类指数/ 32

3.1　资金支持度 / 32

3.2　结构优化度 / 39

3.3　服务有效度 / 46

3.4　创新发展度 / 55

3.5　环境适应度 / 63

第 4 章　中国产业金融分地区评价/ 70

4.1　分地区评价指数研究框架 / 70

4.2　分地区产业金融发展综合评价 / 72
4.3　分地区资金支持度评价 / 74
4.4　分地区结构优化度评价 / 78
4.5　分地区服务有效度评价 / 81
4.6　分地区创新发展度评价 / 86
4.7　分地区环境适应度评价 / 89

中篇　国际经验篇

第 5 章　英国产业金融发展实践/ 97
5.1　商业银行：以“商业成长基金（BGF）”探索商业银行产业投资 / 97
5.2　资本市场：以多层次市场机制保障产业及企业融资需求 / 99
5.3　股权投资：打造政策性与市场性联动投资机制 / 103
5.4　金融科技：金融创新与监管科技的良性互动 / 108
5.5　绿色金融：打造全球绿色金融中心 / 111
第 6 章　新加坡产业金融发展实践/ 113
6.1　构建中小企业融资扶持体系 / 113
6.2　建立包容性多层次资本市场 / 118
6.3　打造国际金融科技创新枢纽 / 121
第 7 章　韩国产业金融发展实践/ 125
7.1　构建中小企业政策性金融体系 / 125
7.2　推进知识产权金融体系化运作 / 129
7.3　推动资产证券化市场规范发展 / 131
第 8 章　全球产业金融发展实践对中国的借鉴/ 134
8.1　以商业银行“投贷联动”构建企业股权投资基金 / 134
8.2　结合产业发展需求打造多层次资本市场体系 / 135
8.3　开展“监管沙盒”实现金融创新与金融监管相统一 / 137

8.4 创造有利政策环境推动风险投资活跃发展 / 138
8.5 以中小企业为主体推进政策性金融体系建设 / 139

下篇 国内实践篇

第 9 章 中国产业金融发展实践/ 145
9.1 中国产业金融发展新态势 / 145
9.2 中国产业金融发展存在的问题 / 155
9.3 中国产业金融发展政策建议 / 174
第 10 章 济南推动产业金融发展的新探索与新贡献/ 181
10.1 济南明确产业金融中心的功能定位 / 181
10.2 济南产业金融中心影响力全方位攀升 / 188
10.3 济南产业金融发展亮点纷呈 / 192
10.4 济南金融集聚区不断丰富 / 196
10.5 济南国际交流合作成果丰硕 / 206
10.6 济南金融明星企业阵容闪耀 / 209
附录一 中国产业金融发展指数指标数据/ 215
后 记/ 219

上篇

指数评价篇

第 1 章 中国产业金融发展指数研究框架

中国产业金融发展指数旨在通过客观、真实的评价指标体系，从多个角度全面客观地反映中国产业金融的发展轨迹与发展趋势，为金融支持产业创新发展提供新的依据。本章就中国产业金融发展指数的研究背景、研究框架、指标体系设计等方面内容做一个全面的梳理和解释，以期更好地理解评价结果。

1.1 指数编制背景

当前，我国步入新的发展时代，“创新驱动”“供给侧改革”“一带一路”等重大战略全面实施，从分散风险、配置资源、扩大消费等视角看，金融服务对实体经济的“压舱石”和“顶梁柱”重大效用和战略意义更加凸显。自党的十八大以来，金融服务实体经济已经成为党中央和国务院对全国金融工作提出的一项重要方针和基本要求。从中央到地方，各级各地政府先后出台和实施了一系列金融服务实体经济的政策措施，有力推动了供给侧结构性改革，促进经济提质增速、转型升级。伴随着金融服务实体这一本质要求的推动落实，金融与实体经济融合发展有了新的突破和表现。融资租赁、私募基金、新型民营银行等一批新兴金融业态实现长足发展，投贷联动、投保联动、跨境贷款、众筹融资、P2P 贷款等一批新的金融服务实体经济模式得到创新，金融科技、绿色信贷、绿色债券等新兴发展理念开始兴起，金融服务产业的方式和产融结合的实践均有了探索尝试并取得了一些成效。

在此背景下，研究和编制一份反映中国产业金融发展的指数，将有助于从多个角度全面反映中国产业金融的发展轨迹与发展趋势，为金融服务实体、支持产业创新发展提供客观依据。一方面，在宏观上可以反映中国产业与金融融合发展的最新状况，指出中国产业金融发展与国际先进水平的差距，加深认识金融在支持产业和实体经济发展中的作用，引起业界对产业金融发展水平和发展质量的关注，引导社会资本加大对产业金融的支持；另一方面，在微观层面，通过对单项指标的具体分析，可以反映出中国在推动产业金融发展所取得的成绩和存在的问题，指导各级政府在薄弱领域加强政策扶持力度、加大财政引导作用、优化金融促进产业发展环境，有目标、分阶段地推动金融支持产业发展，促进实体经济转型升级和持续健康发展。

为此，中国（深圳）综合开发研究院经过多方面的研究和探索，编制出了国内首个面向全社会公开发布的产业金融发展指数，希望为关注中国产业金融发展的社会各界提供一个“晴雨表”和“风向标”的工具。首期中国产业金融指数报告已经于 2017 年 11 月在济南发布，本次研究报告是该指数的第二期后续。在继承首期研究成果的基础上，我们进一步优化了指标评价体系，并增加了国内 31 个省级行政区（未纳入港、澳、台地区）的区域比较和分析，更加深入系统地评价分析中国产业金融发展现状。

1.2 指标设计原则

为体现产业金融的内涵和外延特征，评价指标应客观反映产业金融发展水平，中国产业金融发展指数指标体系设计应遵循以下原则：

• 导向性原则。中国产业金融发展指数（China’s Industrial Finance Development Index，CIFDI）指标体系要充分发挥导向和引领作用，所选取的指标要能反映产业发展状况、揭示存在的问题，指标具有清晰的价值判断和导向作用，可以引导金融机构、投资者、资本更多地支持产业和实体经济活动，引导产业金融规范发展、创新发展、持续健康发展。

• 前瞻性原则。评价指标体系的构建应着眼于长远，充分预见中国产业金融未来发展可能出现的新业务、新主体、新工具、新市场和新业态。

• 开放性原则。评价指标体系应保持动态性和开放性，根据行业发展的新情况、新特征的变化，及时对指标体系进行补充、完善和修订。

• 可得性原则。评价指标体系要具有代表性和公正性，同时兼顾数据的可获得性，尽量使用可采集、可鉴别、可量化、可比较的指标，指标数据为可获得的公开数据或第三方权威数据。

• 科学性原则。评价指标选取均要有科学依据，指标定义准确，对指标的计算、含义、来源有十分明确的规定，指标与指标之间相关性和稳定性同时符合统计科学的要求。

1.3　评价体系框架

根据产业金融发展特征及内涵，结合我国产业金融发展状况，中国产业金融发展指数（China's Industrial Finance Development Index，CIFDI）从资金支持度、结构优化度、服务有效度、创新发展度、环境适应度五个维度构建起指数评价体系，如图1.3.1所示。

（1）资金支持度。该维度项下，设计了4组共计12项评价指标。主要从资金支持的规模维度，通过评估全社会融资规模以及银行、证券、保险三大行业所提供的资金支持状况，综合评判当前我国金融体系对实体经济发展的服务支持状况。

（2）结构优化度。该维度项下，设计了4组共计15项评价指标。主要从金融体系为实体经济所提供资金的结构维度，通过评估融资结构

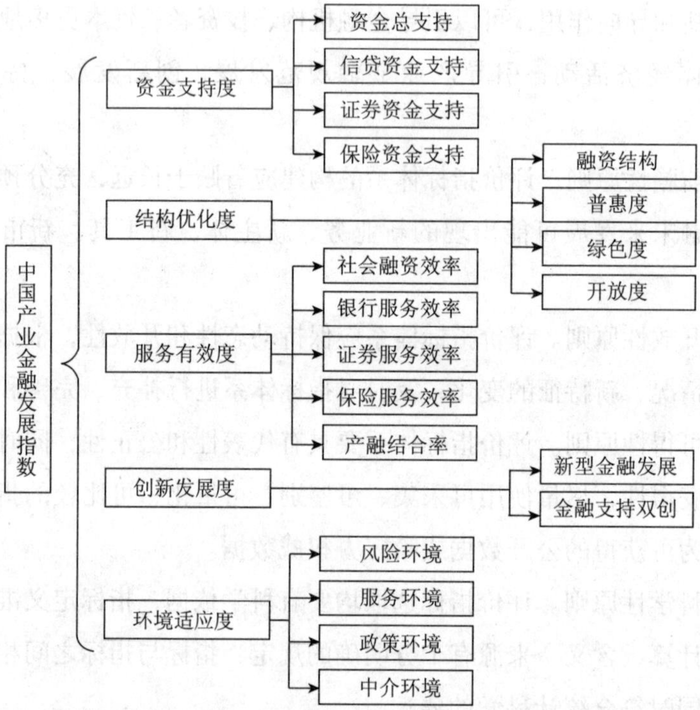

图 1.3.1　中国产业金融发展指数（CIFDI）评价体系框架

特征以及在普惠、绿色、开放三大金融服务理念和方式方面的状况，综合评判当前我国金融服务实体经济的服务结构合理性状况。

（3）服务有效度。该维度项下，设计了 5 组共计 12 项评价指标。主要从金融体系为实体经济所提供服务的效率维度，通过评估社会融资成本、银证保三大传统行业发展状况以及产融结合情况，综合评判当前我国金融服务实体经济的有效性。

（4）创新发展度。该维度项下，设计了 2 组共计 12 项评价指标。主要从金融体系为实体经济所提供服务的创新维度，通过评估新兴金融业态和对新兴社会经济活动的支持状况，综合评判当前我国金融体系的创新发展水平和对实体经济的创新贡献。

（5）环境适应度。该维度项下，设计了 4 组共计 13 项评价指标。主要从产业金融发展所处的外部环境维度，通过评估风险状况、政务效率、政策支持以及中介发展状况，综合评判当前宏观环境对支持产融结合、引导金融服务实体经济是否起到了正向促进作用。

1.4　核心指标定义

CIFDI从五个维度共选取了19组共计64项指标来综合反映中国产业金融发展的最新状况，每一项指标基本上选取了相对量来评估，均选用来自可获得的公开数据或第三方权威数据。

1.4.1　资金支持度指标

表1.4.1　资金支持度指标

指标名称	1.1.1社会融资规模（存量）与金融机构本外币存款余额之比
分子	社会融资规模（存量）/亿元
分母	金融机构本外币存款余额/亿元
说明	社会融资规模存量是指一定时期末（月末、季末或年末）实体经济（境内非金融企业和住户）从金融体系获得的资金余额，而金融机构本外币存款余额则可以用来代表一定时期末国民积累的资金规模，两者相比用来衡量全社会对实体经济的资金支持力度
数据来源	中国人民银行调查统计司官网
指标名称	1.1.2社会融资规模（存量）增速
分子	社会融资规模（增量）（亿元）
分母	上一年度社会融资规模（存量）（亿元）
说明	社会融资规模增量是指一定时期内实体经济（境内非金融企业和住户）从金融体系获得的资金总额
数据来源	中国人民银行调查统计司官网
指标名称	1.1.3固定资产投资增速
分子	固定资产投资增速
分母	N. A.
说明	固定资产投资是以货币形式表现的在一定时期内全社会建造和购置固定资产的工作量和与此有关的费用总称，是拉动经济增长的主要因素之一，考察固定资产投资增速可以用以衡量某一时期全社会对经济发展的投入支持水平
数据来源	国家统计局官网：统计公报

续表

指标名称	1.2.1 当年社会信贷类融资（增量）与 GDP 之比
分子	社会信贷类融资（增量）（亿元）
分母	GDP（亿元）
说明	社会信贷类融资（增量）由社会融资规模（增量）中的人民币贷款、外币贷款、委托贷款、信托贷款和未贴现银行承兑汇票 5 项内容相加所得
数据来源	中国人民银行调查统计司官网
指标名称	1.2.2 非金融企业及机关团体贷款余额与 GDP 之比
分子	非金融企业及机关团体贷款余额（亿元）
分母	GDP（亿元）
说明	非金融企业及机关团体贷款余额是金融机构本外币贷款余额中的一部分，用以反映金融机构提供给非个人消费群体的资金规模，是反映实体经济获取信贷资金的重要指标
数据来源	中国人民银行调查统计司官网
指标名称	1.2.3 非金融企业及机关团体贷款余额增速
分子	当年新增非金融企业及机关团体贷款余额（亿元）
分母	上一年度非金融企业及机关团体贷款余额（亿元）
说明	用以考察每年新增的非金融企业及机关团体贷款余额规模
数据来源	中国人民银行调查统计司官网
指标名称	1.3.1 直接融资（增量）与 GDP 之比
分子	当年直接融资规模（亿元）
分母	GDP（亿元）
说明	直接融资由社会融资规模（增量）项下的企业债券和非金融企业境内股票融资两项构成
数据来源	中国人民银行调查统计司官网
指标名称	1.3.2 商品期货市场年度成交额与 GDP 之比
分子	商品期货市场年度成交额（亿元）
分母	GDP（亿元）
说明	商品期货市场年度成交额由上海期货交易所、大连商品交易所、郑州商品交易所三家交易所全年交易额汇总，不包含金融期货交易所
数据来源	中国证券监督管理委员会官网：期货市场统计月报

续表

指标名称	1.3.3 私募股权投资规模与 GDP 之比
分子	私募股权年度投资规模（亿元）
分母	GDP（亿元）
说明	私募股权年度投资规模主要由早期投资（天使）、VC 投资和 PE 投资三部分数据构成
数据来源	清科研究中心官网，中国股权投资市场年度报告
指标名称	1.4.1 保险深度
分子	年度保费收入（亿元）
分母	GDP（亿元）
说明	该指标反映我国保险业在国民经济中的地位和发展状况
数据来源	中国保险监督管理委员会官网：行业数据统计
指标名称	1.4.2 保险总资产与 GDP 之比
分子	保险业总资产（亿元）
分母	GDP（亿元）
说明	用以衡量保险业整体发展规模
数据来源	中国保险监督管理委员会官网：行业数据统计
指标名称	1.4.3 新增为全社会提供风险保障额与 GDP 之比
分子	保险业年度承保规模（亿元）
分母	GDP（亿元）
说明	该指标反映我国保险业为实体经济提供的风险保障规模，包括财险、人身险等全部险种
数据来源	中国保险监督管理委员会官网：行业数据统计

1.4.2　结构优化度指标

表 1.4.2　结构优化度指标

指标名称	2.1.1 直接融资占社会融资规模（增量）比重
分子	年度直接融资规模（亿元）
分母	社会融资规模（增量）（亿元）
说明	由社会融资规模（增量）项下的企业债券和非金融企业境内股票融资两项构成，衡量我国直接融资的发展水平，判断直接融资在全社会融资规模中的地位
数据来源	中国人民银行调查统计司官网

续表

指标名称	2.1.2 私募股权投资规模与社会融资规模（增量）之比
分子	年度私募股权投资规模（亿元）
分母	年度社会融资规模（增量）（亿元）
说明	用以反映在社会融资规模统计口径之外，以私募股权投资为代表的社会资本对整个实体经济发展的重视程度和支持水平
数据来源	清科研究中心官网、中国人民银行调查统计司官网
指标名称	2.1.3 境内股票市场非金融类企业市值占比
分子	境内股票市场年末非金融类企业市值（亿元）
分母	境内股票市场年末市值（亿元）
说明	非金融类上市企业指沪、深两市全部上市公司按照证监会划分的行业分类中剔除金融行业之后的上市公司
数据来源	Wind 数据库、《中国证券期货统计年鉴》
指标名称	2.1.4 非金融企业境内股票融资占比
分子	非金融类全年在境内股票市场融资额（亿元）
分母	境内股票市场全年融资额（亿元）
说明	非金融类上市企业当年通过 IPO、增发等形式从沪、深两市获取的股票融资额
数据来源	Wind 数据库、《中国证券期货统计年鉴》
指标名称	2.1.5 房地产开发企业国内贷款占行业比重
分子	房地产开发企业国内贷款规模（亿元）
分母	非金融企业及机关团队贷款年度新增规模（亿元）
说明	房地产开发企业实际到位资金中扣除自筹资金项后，余下的资金总量记为房地产开发企业国内贷款规模。该项指标反映出房地产行业对其他行业融资的吸血效应，该项指标是逆指标，指标数越小越好
数据来源	国家统计局《全国房地产开发投资和销售情况》统计报告
指标名称	2.2.1 小微企业贷款余额占比
分子	小微企业贷款余额（亿元）
分母	金融机构面向企业的贷款余额（亿元）
说明	该项指标用以衡量我国金融服务实体经济的普惠度
数据来源	中国人民银行《金融机构贷款投向统计报告》
指标名称	2.2.2 涉农贷款占金融机构本外币贷款余额比重
分子	涉农贷款余额（亿元）
分母	金融机构本外币贷款余额（亿元）
说明	包括农户贷款、农村企业及各类组织贷款、城市企业及各类组织涉农贷，用以反映金融业对农村、农业、农民的贷款支持力度
数据来源	中国人民银行《金融机构贷款投向统计报告》

续表

指标名称	2.2.3 西部十二省市社会融资规模增量占全国比重
分子	西部十二省市社会融资规模增量总和（亿元）
分母	全国社会融资规模增量（亿元）
说明	西部十二省市包括内蒙古、广西、重庆、四川、贵州、云南、西藏、陕西、甘肃、青海、宁夏和新疆。通过对经济相对欠发达地区所获取金融资源在全国所占的比重，考察我国金融体系对金融服务普惠理念的支持度
数据来源	Wind 数据库
指标名称	2.3.1 绿色信贷规模占比
分子	绿色信贷余额（亿元）
分母	金融机构本外币贷款余额（亿元）
说明	用以衡量银行业金融机构对践行绿色低碳发展理念所提供的金融支持
数据来源	中国银行业协会:《中国银行业社会责任报告》
指标名称	2.3.2 新增绿色信贷规模占比
分子	年度绿色贷款新增规模（亿元）
分母	金融机构本外币贷款年度新增规模（亿元）
说明	用以衡量每年银行业金融机构新增贷款中，对践行绿色低碳发展理念的支持力度
数据来源	中国银行业协会:《中国银行业社会责任报告》
指标名称	2.3.3 绿色债券占企业债券融资额的比重
分子	年度绿色债券融资规模（亿元）
分母	年度债券市场融资规模（亿元）
说明	用以衡量证券业金融机构对践行绿色低碳发展理念所提供的金融支持
数据来源	中国人民银行:《中国金融稳定报告》《中国绿色债券市场现状报告》
指标名称	2.4.1 境外贷款占比
分子	境外贷款余额（亿元）
分母	金融机构本外币贷款余额（亿元）
说明	境外贷款指国内金融机构面向境外机构或境外业务所产生的贷款业务，用以考察我国金融机构对中国企业走出去发展所发挥的金融支持
数据来源	中国人民银行调查统计司官网
指标名称	2.4.2 境内企业境外 IPO 上市家数占比
分子	年度境内企业境外 IPO 上市家数
分母	年度中国企业境内外 IPO 总数
说明	用以衡量中国企业对海外资本市场的利用水平
数据来源	投中研究院年度研究报告

续表

指标名称	2.4.3 私募基金国外投资金额占比
分子	私募股权基金国外投资金额（亿元）
分母	私募基金全年投资金额（亿元）
说明	用以衡量私募股权基金发展的国际化水平
数据来源	清科私募通数据库
指标名称	2.4.4 境外投资者在股票市场的比重
分子	QFII 投资额度（亿元）
分母	境内股票市场上市公司总市值（亿元）
说明	用以衡量国内股票市场的境外投资机构参与程度
数据来源	Wind 数据库

1.4.3 服务有效度指标

表 1.4.3 服务有效度指标

指标名称	3.1.1 人民币一般贷款加权平均利率
分子	人民币一般贷款加权平均利率
分母	N.A.
说明	由首期的非金融企业及机关团体贷款加权平均利率调整为本期统计口径，表示企业通过银行业金融机构获取资金的平均利率水平，用以衡量我国社会平均融资成本。该指标是逆指标，指标数越小越好
数据来源	中国人民银行：《中国区域金融运行稳定报告》
指标名称	3.1.2 GDP 与全社会融资服务规模（增量）之比
分子	GDP（亿元）
分母	年度社会融资规模（增量）（亿元）
说明	用以反映单位社会融资规模服务所产生的效益，衡量社会融资效率
数据来源	中国人民银行调查统计司官网
指标名称	3.2.1 银行业集中度
分子	国内前五大银行资产规模总量（亿元）
分母	银行业资产规模（亿元）
说明	前五大银行为工农中建交，五大行资产规模占比越低，说明银行业行业集中度越低，行业竞争相对越充分，服务效率就会高。该项指标是逆指标，数值越低越好
数据来源	Wind 数据库

续表

指标名称	3.2.2 商业银行净利息收益率
分子	商业银行净息差
分母	N. A.
说明	净息差越大，说明银行业信贷资金成本就越高，还存在很大的改善空间。该项指标为逆指标，指标数值越小越好
数据来源	Wind 数据库
指标名称	3.3.1 境内股票融资额与股票市场交易额之比
分子	境内股票市场年度融资额（亿元）
分母	全年股票市场交易额（亿元）
说明	用以衡量股票二级市场资金对实体经济的支持效率，股票融资额统计口径仅限于 IPO、再融资获取的资金总量，不含债券类融资数据
数据来源	《中国证券期货统计年鉴》
指标名称	3.3.2 证券业集中度
分子	前五大证券公司资产总规模（亿元）
分母	证券业资产规模（亿元）
说明	前五大证券公司为中信证券、海通证券、国泰君安、华泰证券和广发证券。该项指标用以衡量证券行业的垄断程度，反映市场竞争的充分程度。该项指标为逆指标，指标数值越小越好
数据来源	Wind 数据库
指标名称	3.4.1 保险资金运用率
分子	保险资金运用总额中除银行存款外的资金规模（亿元）
分母	保险资金运用总额（亿元）
说明	用以反映保险资金对实体经济的支持水平
数据来源	中国保险监督管理委员会官网
指标名称	3.4.2 保险业集中度
分子	排名前五大保险公司资产总规模（亿元）
分母	保险业总资产（亿元）
说明	不考虑保险集团公司，2017 年总资产规模排名前五的保险公司分别为中国人寿、平安人寿、太平洋人寿、新华人寿和中国人保财险。该项指标用以衡量保险行业的市场竞争水平，指标为逆指标，指标数值越小说明行业竞争越充分
数据来源	中国保险监督管理委员会官网、Wind 数据库

续表

指标名称	3.5.1 财务公司占金融总资产比重
分子	全国财务公司资产总和（亿元）
分母	金融总资产（亿元）
说明	金融总资产由银行业总资产、证券业总资产和保险业总资产三者相加
数据来源	《中国企业集团财务公司年鉴》
指标名称	3.5.2 金融上市公司中被产业集团控股的市值占比
分子	产业集团控股的金融上市公司市值（亿元）
分母	金融上市公司总市值（亿元）
说明	考察金融上市公司第一大股东，如果主业是非金融类的实业集团，则该金融上市公司就记为产业集团控股的金融上市公司
数据来源	Wind 数据库
指标名称	3.5.3 私募股权投资基金中的企业 LP 占比
分子	私募股权投资市场企业 LP 数量
分母	私募股权投资市场 LP 总数
说明	用以衡量企业利用私募投资基金方式实现产融结合的普遍程度
数据来源	清科私募通数据库
指标名称	3.5.4 融资担保业在保余额与社会融资规模（存量）之比
分子	融资担保业在保余额（亿元）
分母	社会融资规模（存量）（亿元）
说明	用以衡量融资担保业对实体经济从金融系统获取资源的支持力度
数据来源	Wind 数据库、中国融资担保业协会

1.4.4 创新发展度指标

表 1.4.4 创新发展度指标

指标名称	4.1.1 P2P 网贷平台贷款余额与社会融资总额（存量）之比
分子	P2P 网贷平台贷款余额（亿元）
分母	社会融资总额（存量）（亿元）
说明	表示 P2P 网贷平台对实体经济的支持水平，自 2014 年开始统计
数据来源	第一网贷平台发布的统计信息

续表

指标名称	4.1.2 众筹平台融资金额与社会融资总额（增量）之比
分子	全年众筹平台融资金额（亿元）
分母	年度社会融资规模（增量）（亿元）
说明	用以反映众筹平台全年支持，自 2014 年开始统计
数据来源	零壹财经发布的统计信息
指标名称	4.1.3 私募基金管理规模（实缴）与 GDP 之比
分子	私募基金管理规模（实缴）（亿元）
分母	GDP（亿元）
说明	用以反映私募基金发展水平，衡量其对社会经济发展所可能起到的作用
数据来源	Wind 数据库
指标名称	4.1.4 民营银行数量占商业银行总数的比重
分子	新型民营银行法人机构数量
分母	商业银行法人机构总数
说明	新型民营银行统计当年完成开业的数，商业银行统计口径参照中国银监会监管统计口径，包含国有大行、股份制银行、城商行和农商行，不包含村镇银行、农信社等
数据来源	中国银监会金融许可证查询系统、Wind 数据库
指标名称	4.1.5 融资租赁合同余额与社会融资规模（存量）之比
分子	融资租赁合同余额（亿元）
分母	社会融资规模（存量）（亿元）
说明	融资租赁合同余额是存量概念，用以反映融资租赁行业对实体经济的服务支持力度
数据来源	Wind 数据库、中国商务部
指标名称	4.1.6 小额贷款公司贷款余额与社会融资规模（存量）之比
分子	小额贷款公司贷款余额（亿元）
分母	社会融资规模（存量）（亿元）
说明	用以反映小额贷款公司在金融体系中所处的地位，对实体经济发展支持所实际做出的贡献
数据来源	中国人民银行调查统计司官网
指标名称	4.2.1 每万家企业新三板市场挂牌数
分子	新三板市场年末挂牌企业总数
分母	全国工商注册的企业实有户数
说明	企业户数含分支机构，该指标用以反映新三板市场对创业企业支持力度
数据来源	Wind 数据库

续表

指标名称	4.2.2 每万家企业区域性股权市场挂牌数
分子	全国所有区域股权市场挂牌企业总数
分母	全国工商注册的企业实有户数
说明	区域性股权市场挂牌企业数包括托管企业和展示企业的数量
数据来源	《中国证券业发展报告》、Wind 数据库
指标名称	4.2.3 创业板年度融资量占股票市场融资量比重
分子	创业板市场年度融资额（亿元）
分母	沪深两市全年股票融资额（亿元）
说明	创业板是专为暂时无法在主板上市的创业型企业、中小企业和高科技产业企业等需要进行融资和发展的企业提供融资途径和成长空间的证券交易市场，通过该项指标可以考察资本市场对创业创新型企业的支持水平
数据来源	深圳证券交易所、上海证券交易所官网
指标名称	4.2.4 私募股权投资基金新增募资金额与 GDP 之比
分子	私募股权投资基金新增募资金额（亿元）
分母	GDP（亿元）
说明	私募股权投资基金当年募资金额主要涵盖天使、VC、PE 三类投资基金数据
数据来源	清科研究中心：《清科年报》
指标名称	4.2.5 年度创业投资规模与 GDP 之比
分子	年度创业投资规模（亿元）
分母	GDP（亿元）
说明	创业投资规模主要包括天使、VC、PE 三类投资基金的年度投资数据
数据来源	清科研究中心：清科年报
指标名称	4.2.6 并购交易规模与社会融资规模（增量）之比
分子	并购交易年度规模（亿元）
分母	社会融资规模（增量）（亿元）
说明	用以衡量中国并购交易的发展水平以及对实体经济发展的贡献
数据来源	清科研究中心：《中国并购市场研究报告》

1.4.5　环境适应度指标

表 1.4.5　环境适应度指标

指标名称	5.1.1 商业银行资本充足率
分子	商业银行资本充足率
分母	N. A.
说明	商业银行统计范畴，不含村镇银行、信用社等
数据来源	Wind 数据库
指标名称	5.1.2 资本市场年化波动率
分子	资本市场年化波动率
分母	N. A.
说明	计算全部上市公司年化波动率的算术平均数，计算周期为每日，取对数收益率
数据来源	Wind 数据库
指标名称	5.1.3 保险行业综合偿付能力充足率
分子	保险行业综合偿付能力充足率
分母	N. A.
说明	数据为我国保险业实施“偿二代”管理体系之后的统计口径
数据来源	中国保险监督管理委员会官网
指标名称	5.1.4 非法集资涉案金额与社会融资总额（增量）之比
分子	非法集资涉案金额（亿元）
分母	社会融资总额（增量）（亿元）
说明	非法集资涉案金额为当年度办案披露的金额，是增量概念
数据来源	处置非法集资部际联席会议工作报告
指标名称	5.2.1 腐败控制水平
分子	腐败控制指数
分母	N. A.
说明	指标选自世界银行发布的《全球治理指数（The Worldwide Governance Indicators）》报告中的 Control of Corruption 子项，按所有参评国家排名所处的百分比等级计数
数据来源	世界银行：http：//info. worldbank. org/governance/wgi/index. aspx#home

续表

指标名称	5.2.2 营商便利度
分子	营商便利度
分母	N. A.
说明	选用世界银行数据库统计发布的 Doing Business 评分指标
数据来源	世界银行：databank. worldbank. org/data/reports. aspx？source=doing-business
指标名称	5.2.3 法治水平
分子	法治指数
分母	N. A.
说明	指标选自世界银行发布的《全球治理指数（The Worldwide Governance Indicators）》报告中的 Rule of Law 子项，按所有参评国家排名所处的百分比等级计数
数据来源	世界银行：http：//info. worldbank. org/governance/wgi/index. aspx#home
指标名称	5.3.1 政府引导基金与私募基金管理规模之比
分子	政府引导基金规模（亿元）
分母	私募基金实缴注册规模（亿元）
说明	政府引导基金规模为年末实际到位资金规模
数据来源	投中研究院发布的政府引导基金研究报告
指标名称	5.3.2 国家财政科技支出占总支出比重
分子	年度财政科技支出额（亿元）
分母	国家财政支持总额（亿元）
说明	财政科技支出是指国家财政预算内安排的科研支出，增量概念
数据来源	国家统计局官网
指标名称	5.3.3 政府效率
分子	政府效率指数
分母	N. A.
说明	指标选自世界银行发布的《全球治理指数（The Worldwide Governance Indicators）》报告中的 Government Effectiveness 子项，按所有参评国家排名所处的百分比等级计数
数据来源	世界银行：http：//info. worldbank. org/governance/wgi/index. aspx#home
指标名称	5.4.1 每百万人口注册会计师数
分子	年末全国注册会计师数/人
分母	年末国家人口/百万人
说明	该指标反映我国注册会计师事务所中介发展水平
数据来源	中国注册会计师行业管理信息系统

续表

指标名称	5.4.2 每百万人口执业律师数
分子	年末全国执业律师数（人）
分母	年末国家人口（百万人）
说明	该指标反映我国律师事务所中介发展水平
数据来源	国家统计局官网
指标名称	5.4.3 每百万人口资产评估机构数
分子	年末全国资产评估机构数（家）
分母	年末国家人口（百万人）
说明	该指标反映我国资产评估行业发展水平
数据来源	中国资产评估协会专题研究小组《中国资产评估行业发展报告》

1.5　数据处理方法

首期 CIFDI 指标体系收集了 2011—2016 年的序列数据，涉及 64 项指标超过 400 个数据，所有指标将进行预处理、标准化处理、指标赋权、指数化处理等过程。第二期指数数据在首期基础上，将数据更新补充到 2017 年，部分指标增加了全国 31 个省级行政区（不含港、澳、台地区）的数据。

1.5.1　数据预处理

本期所有数据更新至 2017 年，由于涉及数据指标众多，部分指标的官方数据并未及时发布或者存在缺失。为此，在进行数据标准化之前，根据以下规则对数据序列进行预处理工作，补齐缺失数值。

如表 1.5.1 所示，对于数据序列在最开始年份缺失情况如 2012 年，选择下一年（2013 年）指标数据做填充；对于数据序列在中间年份缺失情况如 2013 年，选取前一年（2012 年）指标做填充；对于数据序列在最近年份缺失情况如 2017 年，选取可获取的最近年份数据做填充。

表 1.5.1　数据缺失情况处理方案

第 1 种情况						
数据缺失年份：最初年份	2012 年	2013 年	2014 年	2015 年	2016 年	2017 年
现有数据	N. A.	20	30	40	50	60
预处理后数据	20	20	30	40	50	60
第 2 种情况						
数据缺失年份：中间年份	2012 年	2013 年	2014 年	2015 年	2016 年	2017 年
现有数据	10	N. A.	30	N. A.	50	60
预处理后数据	10	10	30	30	50	60
第 3 种情况						
数据缺失年份：最近年份	2012 年	2013 年	2014 年	2015 年	2016 年	2017 年
现有数据	10	20	30	40	50	N. A.
预处理后数据	10	20	30	40	50	50

1.5.2　数据标准化

CIFDI 指标体系选取 2011 年各项指标数据作为指标体系基准值，即 2011 年各项指标指数化后的得分项汇总为 100。需要注意的是，由于部分统计指标缺乏数据或当初尚未有统计口径，2011 年部分指标基准值做过相应调整，如下表 1.5.2 所示。

表 1.5.2　基准值涉及调整的指标项说明

2011 年指标基准项	原始值	调整值（%）	说明
新增绿色信贷规模占比	N. A.	5	2011 年国家未公布统计数据，选取近三年平均值作为参照
绿色债券占企业债券融资额的比重	N. A.	5	我国绿色债券自 2015 年才开始起步，基准值参照绿色信贷平均规模选取
私募基金国外投资金额占比	N. A.	18	2013 年才开始有统计数据，选取近四年平均值作为基准值
P2P 网贷平台贷款余额与社会融资总额（存量）之比	N. A.	0.50	2014 年起才开始有行业统计数据，由于数据规模较小，选取近两年平均水平作为基准

续表

2011 年指标基准项	原始值	调整值（%）	说明
众筹平台融资金额与社会融资总额（增量）之比	N. A.	0. 10	近两年行业才开始成长，统计数据选取 2016 年作为基准值
私募基金管理规模（实缴）与 GDP 之比	N. A.	2. 32	2013 年前未有统计数据，选取最近年份 2014 年作为基准值
民营银行数量占商业银行总数的比重	N. A.	0. 50	2014 年第一批机构试点成立，选取近两年平均水平作为基准值
每万家企业新三板市场挂牌数	N. A.	1	2013 年前新三板市场企业挂牌数相对偏少，选用 2014 年之后数据作为基准
每万家企业区域性股权市场挂牌率	N. A.	10	区域性股权市场成长于 2013 年之后，选取 2013—2014 年平均水平作为基准
创业板年度融资量占股票市场融资量比重	N. A.	5	创业板市场受宏观调控政策影响，市场融资波动较大，选取近五年平均水平作为基准值
私募股权投资基金新增募资金额与 GDP 之比	N. A.	1	选取近五年数据平均值作为 2011 年基准值
天使及创投年度投资规模与 GDP 之比	N. A.	0. 1	统计口径存在变化，根据最新行业发展状况，选取近五年平均数据作为基准值
并购交易规模与社会融资规模（增量）之比	N. A.	5	并购交易起步成长时间相对较晚，选取近五年平均水平作为基准值
保险行业综合偿付能力充足率	N. A.	230	“偿二代”制度体系于 2014 年开始试运行，基准值选用 2014 年数据
非法集资涉案金额与社会融资总额（增量）之比	N. A.	0. 5	2012 年之前未有相关统计数据，选用 2013 年数据作为基准值
政府引导基金与私募基金管理规模之比	N. A.	8. 65	2014 年前统计数据不完全，数据不具可比性，选用 2014 年作为基准值

在 2011 年基准值确定基础上，所有指标数据按照以下规则执行标准化处理：

- 对于正指标（即越大越好的指标），标准化公式为

指标相对量化值 = 指标原始值/2011 年基准值

- 对于逆指标（即越小越好的指标），标准化公式为

指标相对量化值 = 2011 年基准值/指标原始值

1.5.3 指标赋权

CIFDI 指标权重采用分层赋权方法确定，一级指标、二级指标权重由专家协商确定，三级指标权重由专家打分确定。专家主要由金融行业从业人员、政府监管部门监管人员、产业金融领域相关研究人员组成。本期指标权重分布与上期保持一致，最终一级指标和二级指标的权重分布如表 1.5.3 所示。

表 1.5.3 CIFDI 指标体系一级指标和二级指标权重分布

一级指标	一级指标权重（%）	二级指标	二级指标权重（%）
资金支持度	20	资金总支持	5
		信贷资金支持	5
		证券资金支持	5
		保险资金支持	5
结构优化度	20	融资结构	5
		普惠度	5
		绿色度	5
		开放度	5
服务有效度	20	社会融资效率	4
		银行服务效率	4
		证券服务效率	4
		保险服务效率	4
		产融结合率	4
创新发展度	20	新型金融发展	10
		金融支持双创	10
环境适应度	20	风险环境	5
		政务环境	5
		政策环境	5
		中介环境	5

1.5.4 指数化处理

将年度相关指标的标准化得分与指标权重相乘后加总，再将指数加总结果放大100倍，即可得每年度CIFDI指数，包括一个综合指数和五个一级指标分项指数。

第 2 章　中国产业金融发展综合指数

中国产业金融发展指数（CIFDI）是一项综合性的评价指数，从资金支持度、结构优化度、服务有效度、创新发展度和环境适应度五个维度出发，设计了 19 组共计 64 项指标构成，其每一年指数结果按照 2011 年为主要基准值换算得来。本章着重介绍 CIFDI 综合指数的评价结果，给出 CIFDI 评价结果的核心要点。

2.1　综合指数结果

根据本期 CIFDI 的评价结果显示，2017 年我国产业金融发展指数再创新高，达到 162.54 分，较上一年同比增长 8.5%（如图 2.1.1 所示）。我国产业金融从综合指数得分来看，2017 年我国产业金融发展继续延续 2014 年以来的增长势头，产业金融发展水平逐年稳步提升。

从构成中国产业金融发展指数得分的五个维度分项得分变化来看（如图 2.1.2 所示），我国金融对实体经济服务支持力度是在持续增强的。过去六年中，实体经济发展所依赖的资金支持力度得到不断增强，融资结构得到不断优化，融资服务效率实现不断提升，融资服务的内容和方式也在不断创新，而产业金融发展的外部环境则持续改善。

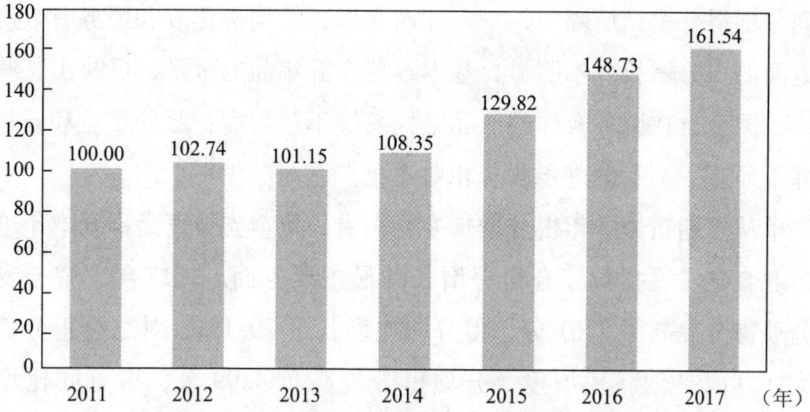

图 2.1.1　中国产业金融发展指数（2011—2017 年）①

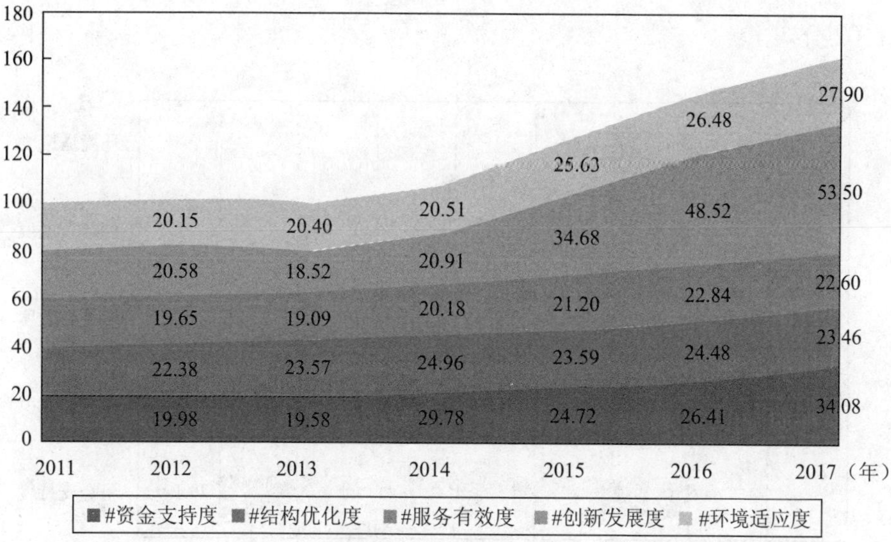

图 2.1.2　中国产业金融发展指数得分构成变化（2011—2017 年）

自 2011 年以来，创新发展无疑是推动中国产业金融发展指数综合得分持续新高的最大因素，六年间其分项得分累计增长了 168%；其次是资金支持度方面，它对综合指数的得分贡献仅次于创新发展度，六年

① 由于本期指数对上一期存在的部分有误或缺失的指标数据做了修正和补充，可能导致本期过往年份指数数值与上一期发布的指数数值存在微小的差异，以本期最新调整结果为准，下同。

时间分项得分累计增幅 70.4%。相对来说，结构优化度和服务有效度两个方面的得分增长并不明显，基本维持在五年前的水平，反映出这些年来，我国金融在服务实体的产品结构发展不够均衡、服务效益和质量提升并不显著，两者的进步改善相对不足。

单从本期指数单年得分增长变化来看，资金支持度是推动本年度中国产业金融发展指数综合得分增长的最主要方面。2017 年，资金支持度分项得分提高了 7.67 分，得分同比增长了 29.1%，对综合得分贡献最大；其次是创新发展度，分项得分提高了 4.99 分，得分同比增长 10.3%；环境发展度分项得分提高了 1.42 分，同比增长 5.4%；而在服务有效度和结构优化度方面，两者得分较上一年分别减少了 0.24 分和 1.02 分。

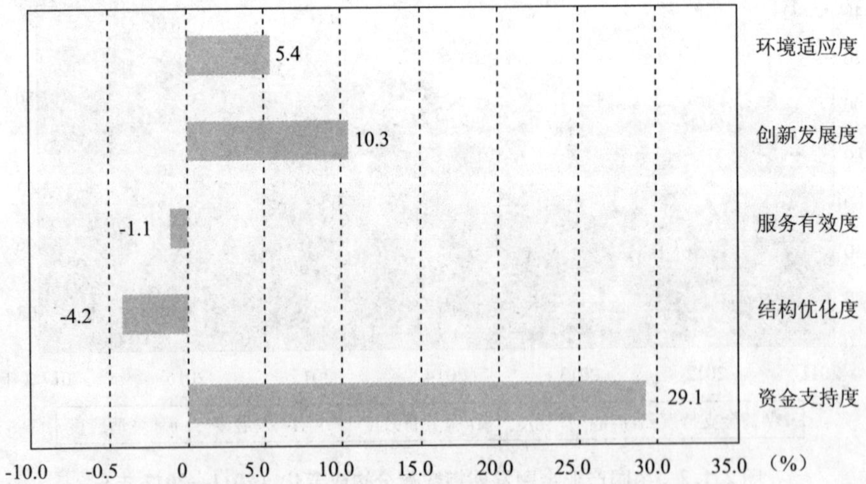

图 2.1.3　2017 年五大评价维度分项得分同比增幅

2.2　评价指标特征

本期 CIFDI 指标体系中，64 项三级指标与指数结果保持了十分高的相关性，如表2.2.1所示。其中，24项指标与指数结果间的 R^2 超过0.8，21项指标与指数结果间的 R^2 介于0.5~0.8之间，19项指标与指数结果间的 R^2 低于0.5。可以看到，保险业发展的有关指标对指数结果均具有十分强的解释作用。除此之外，私募行业相关数据指标对指数结论也具有很强的解释作用。而从实际指数的得分贡献来看，近年来保险业和私募基金行业的发展确实要远远高于其他行业，其进步对中国产业金融发展水平带来的提升是显而易见的。

表2.2.1　三级指标与中国产业金融发展指数相关度分析

序号	三级指标	与综合指数得分间的 R^2
1	保险深度	0.989
2	私募基金管理规模（实缴）与GDP之比	0.978
3	每百万人口注册会计师数	0.973
4	融资担保业在保余额与社会融资规模存量之比	0.967
5	每万家企业新三板市场挂牌数	0.963
6	商业银行净利息收益率	0.955
7	每百万人口执业律师数	0.939
8	保险资金运用率	0.938
9	绿色信贷规模占比	0.935
10	每万家企业区域性股权市场挂牌率	0.927
11	财务公司占金融总资产比重	0.920
12	保险总资产与GDP之比	0.920
13	保险业集中度	0.916
14	私募股权投资规模与社会融资规模增量之比	0.907
15	私募股权投资规模与GDP之比	0.892
16	私募股权投资基金新增募资金额与GDP之比	0.887
17	固定资产投资增速	0.871
18	并购交易规模与社会融资规模增量之比	0.869
19	政府引导基金与私募基金管理规模之比	0.863
20	境外贷款占比	0.862

续表

序号	三级指标	与综合指数得分间的 R^2
21	银行业集中度	0.841
22	绿色债券占企业债券融资额的比重	0.837
23	新增为全社会提供风险保障额与 GDP 之比	0.823
24	法治水平	0.821
25	融资租赁合同余额与社会融资规模存量之比	0.799
26	人民币一般贷款加权平均利率	0.781
27	天使及创投年度投资规模与 GDP 之比	0.776
28	境内股票市场非金融类企业市值占比	0.773
29	社会融资规模存量增速	0.743
30	非金融企业及机关团体贷款余额增速	0.704
31	小微企业贷款余额占比	0.690
32	政府效率	0.688
33	每百万人口资产评估机构数	0.674
34	营商便利度	0.666
35	腐败控制水平	0.651
36	非金融企业及机关团体贷款余额与 GDP 之比	0.641
37	创业板年度融资量占股票市场融资量比重	0.621
38	GDP 与社会融资规模增量之比	0.579
39	保险行业综合偿付能力充足率	0.563
40	P2P 网贷平台贷款余额与社会融资总额存量之比	0.552
41	众筹平台融资金额与社会融资总额增量之比	0.547
42	民营银行数量占商业银行总数的比重	0.527
43	商业银行资本充足率	0.501
44	涉农贷款占金融机构本外币贷款余额比重（%）	0.458
45	房地产开发企业国内贷款占行业比重	0.441
46	证券业集中度	0.416
47	当年社会信贷类融资增量与 GDP 之比	0.322
48	西部十二省市社会融资规模增量占全国比重	0.289
49	非法集资涉案金额与社会融资总额增量之比	0.285

续表

序号	三级指标	与综合指数得分间的 R^2
50	当年境内企业境外 IPO 上市家数占比	0.269
51	私募股权投资基金中的企业 LP 占比	0.267
52	商品期货市场年度成交额与 GDP 之比	0.200
53	社会融资规模存量与金融机构本外币存款余额之比	0.199
54	金融上市公司中被产业集团控股的市值占比	0.134
55	新增绿色信贷规模占比	0.108
56	资本市场年化波动率	0.071
57	小额贷款公司贷款余额与社会融资规模存量之比	0.055
58	境外投资者在股票市场的比重	0.054
59	直接融资（增量）与 GDP 之比	0.031
60	私募基金国外投资金额占比	0.025
61	境内股票融资额与股票市场交易额之比	0.013
62	国家财政科技支出占总支出比重	0.011
63	非金融企业境内股票融资占比	0.003
64	直接融资占社会融资规模增量比重	0.001

从单个指标对 CIFDI 指数综合得分增长贡献来看，本期保险业的资金支持力度增长成为指数综合得分增长的最大贡献。2017 年，保险业为全社会提供的风险保障额达到了 4154 万亿元，全年新增 1781 万亿元，当年增幅高达 75%，这成为助推资金支持度分项得分增长的最大增长因素。除此之外，来自创新发展度评价维度项下的指标再次几乎都进入了指标贡献最大前 20 的排名，如图 2. 2. 1 所示。可以说，近五年来中国私募基金发展对促进中国产业金融发展水平提升带来了十分显著的支持作用。

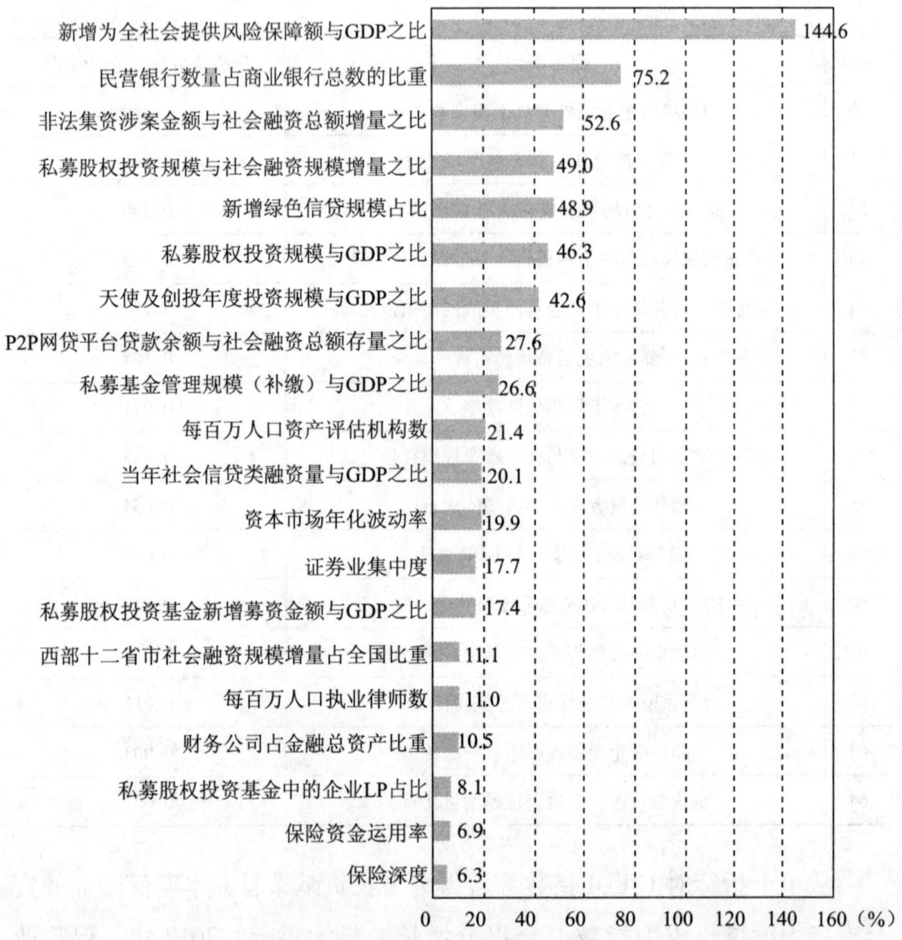

图 2.2.1　本期三级指标中对综合指数得分贡献最大的前 20 项指标

与此相对，本期 CIFDI 指数单项指标评分变化中，有 25 项的指标是处于负增长状态。其中，受 2017 年证券市场行情波动影响，全年证券市场的直接融资规模较上一年有大幅度缩减，导致直接融资相关指标数值大幅减少，包括直接融资规模增量、境内外 IPO 上市企业数、股票融资规模、商品期货年度交易额等指标均成为本期对综合得分影响最大的负面因素之一。

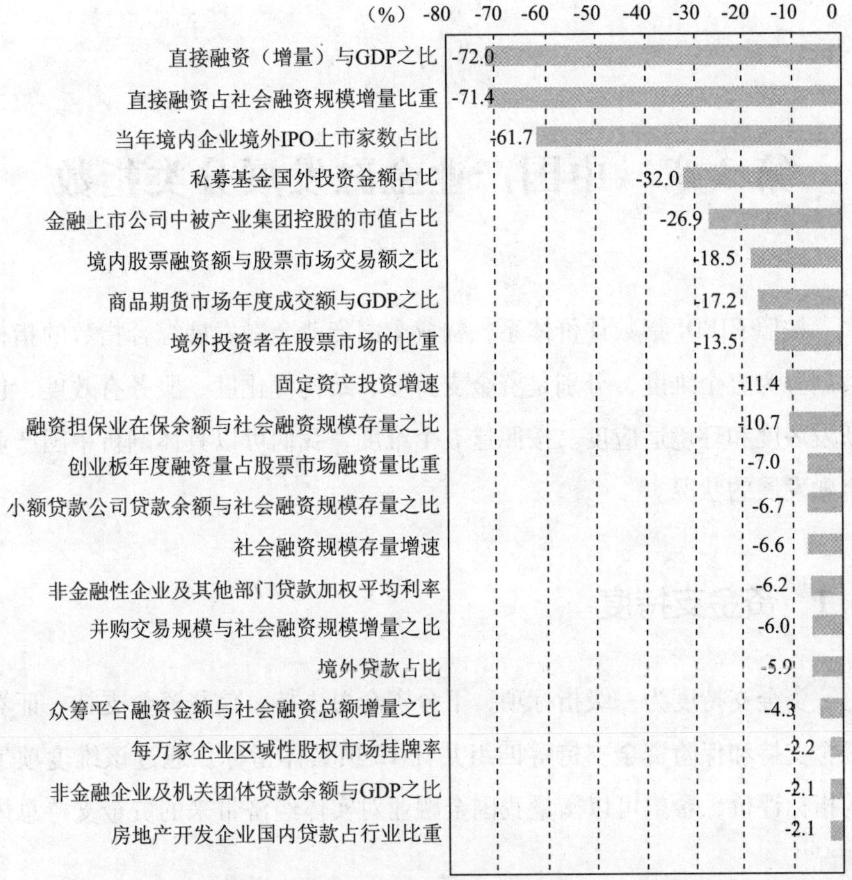

图 2.2.2　本期三级指标中对综合指数得分负面影响最大的前 20 项指标

第 3 章　中国产业金融发展分类指数

按照 CIFDI 指数评价体系，构成中国产业金融发展综合指数的指标共划分为五个维度，分别是资金支持度、结构优化度、服务有效度、创新发展度和环境适应度。按照这五个维度，我们可以具体剖析中国产业金融发展的状况。

3.1　资金支持度

资金支持度为一级指标项，下分资金总支持、信贷资金支持、证券资金支持和保险资金支持等四组共计 12 项具体指标。通过该维度项下的指标评价，希望可以衡量我国金融业对实体经济带来的资金支持总体情况。

3.1.1　分项评价概况

从资金支持度分项的历年评分来看，本期分项得分继续保持了自 2013 年以来的较高速度增长，如图 3.1.1 所示。2017 年中国产业金融的资金支持度分项得分 34.08，较上一年度得分增加了 7.67 分，同比增幅达到 29.1%。

本期资金支持度分项的得分增长贡献主要来自保险资金支持方面，如图 3.1.2 所示。2017 年，全国保险业务规模激增，保险为全社会提供的风险保障规模达到了 4154 万亿元，较上年增长 75%。全年新增风险保障规模达到了 1781 万亿元，是当年全国 GDP 总额的 21.5 倍。受此影响，本期保险资金支持方面的相关指标得分有了大幅增长，进而带动整个分项指数有了大幅增长。与此相对的是，资金总支持和证券资金支持方面出现了小幅下降。

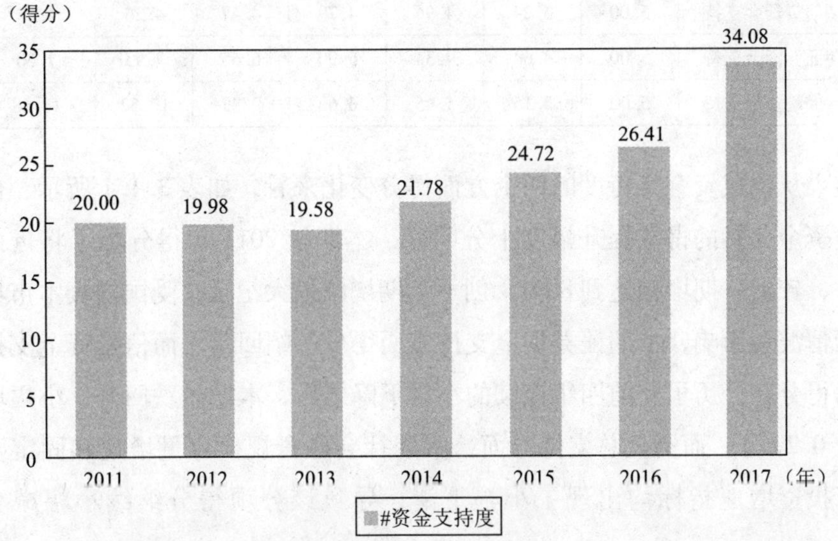

图 3.1.1　中国产业金融发展在资金支持度方面的分项评分

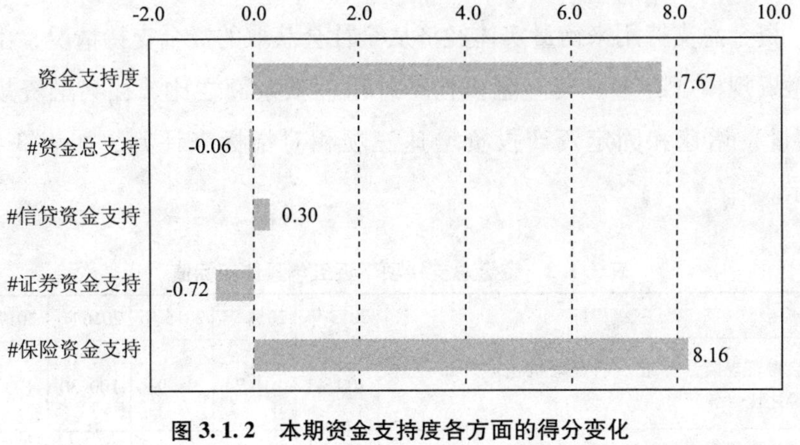

图 3.1.2　本期资金支持度各方面的得分变化

表 3.1.1 资金支持度各方面的历年得分情况

指标	2011 年	2012 年	2013 年	2014 年	2015 年	2016 年	2017 年
资金支持度	20.00	19.98	19.58	21.78	24.72	26.40	34.08
#资金总支持	5.00	4.95	4.83	4.40	3.78	3.71	3.65
#信贷资金支持	5.00	5.24	4.96	4.79	4.47	4.26	4.55
#证券资金支持	5.00	4.64	4.34	5.90	6.65	7.92	7.20
#保险资金支持	5.00	5.15	5.45	6.69	9.82	10.52	18.68

从构成资金支持度的四个方面得分变化来看，如表 3.1.1 所示，保险资金支持的得分提升幅度十分明显，本期较 2011 年得分翻了将近两番，较上一期增幅达到80%，创下当期增幅最大纪录；受国内资本市场行情波动影响，本期证券资金支持方面得分小幅回落。而信贷资金支持的得分在经历了此前四年连续的小幅下降之后，本期止跌回升，小幅增长 0.29 分。而资金总支持方面，本期社会融资规模存量增速和固定资产投资增速指标均出现了小幅下滑，导致该分项得分继续小幅减少 0.06 分。

3.1.2 资金总支持

资金总支持用来衡量实体经济从全社会获取的资金支持情况，由社会融资规模（存量）与金融机构本外币存款余额之比、社会融资规模（存量）增速和固定资产投资增速三项相对指标来评判，如表 3.1.2 所示。

表 3.1.2 资金总支持项下近五年具体指标值

三级指标	2013 年	2014 年	2015 年	2016 年	2017 年
社会融资规模（存量）与金融机构本外币存款余额之比（%）	100.43	104.74	98.93	100.30	103.17
社会融资规模（存量）增速（%）	17.55	14.34	12.48	12.81	11.96
固定资产投资增速（%）	19.30	15.30	9.80	7.90	7.00

• 我国的社会融资规模存量增速和固定资产投资增速继续放缓，这与当前我国经济发展增速放缓趋势基本是一致的。

• 2017 年，社会融资规模（存量）继续保持平稳增长，达到了 174.64 万亿元，全社会对实体经济的资金支持总量已经大于金融机构本外币存款余额。

• 固定资产投资增速进一步回落，2017 年全年 7.00%，较上一年度回落 0.9 个百分点。其背后一方面是我国经济增长方式正由投资驱动向消费驱动转变带来的影响，另一方面则是供给侧结构性改革和稳增长政策所带来的结构调整影响。

3.1.3　信贷资金支持

信贷资金支持用来衡量银行业金融机构对实体经济的资金支持力度，由当年社会信贷类融资（增量）与 GDP 之比、非金融企业及机关团体贷款余额与 GDP 之比、非金融企业及机关团体贷款余额增速三项相对指标来评判，如表 3.1.3 所示。

表 3.1.3　信贷资金支持项下近五年具体指标值

三级指标	2013 年	2014 年	2015 年	2016 年	2017 年
当年社会信贷类融资（增量）与 GDP 之比（%）	25.68	21.11	16.99	18.24	21.91
非金融企业及机关团体贷款余额与 GDP 之比（%）	92.70	95.97	99.80	100.08	97.95
非金融企业及机关团体贷款余额增速（%）	10.85	12.00	11.28	8.29	8.79

• 2017 年社会信贷类融资增量继续扩大，与当年的 GDP 之比达到了 21.91%，在经历了 2015 年相对低点之后，基本回归到近五年的平均水平，说明信贷资金对实体经济的总量支持在加大。

• 信贷资金对实体企业的支持力度在明显加大，非金融企业及机关团队贷款增速在经历 2016 年的相对低点后，2017 年增速开始小幅回升 0.5 个百分点，达到 8.79%。

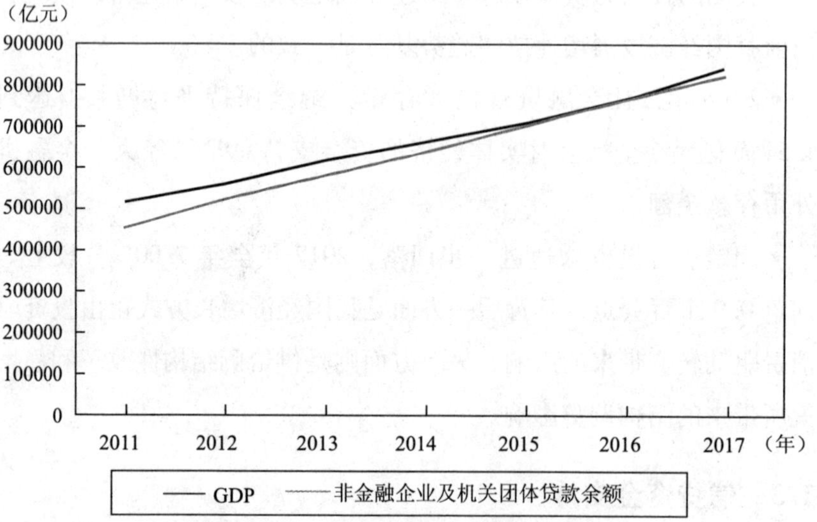

图 3.1.3　信贷资金对企业支持情况变化

• 非金融企业及机关团体贷款余额增长基本与 GDP 增长保持高度一致。不过，受我国经济增长放缓宏观因素影响，2017 年非金融企业及机关团体贷款余额总量已经低于当年 GDP 水平。

3.1.4　证券资金支持

证券资金支持用来衡量证券业金融机构对实体经济的资金支持情况，由直接融资（增量）与 GDP 之比、商品期货市场年度成交额与 GDP 之比、私募股权投资规模与 GDP 之比三项相对指标来评判，如表 3.1.4 所示。

表 3.1.4　证券资金支持项下近五年具体指标值

三级指标	2013 年	2014 年	2015 年	2016 年	2017 年
直接融资（增量）与 GDP 之比（%）	3.42	4.37	5.37	5.70	1.60
商品期货市场年度成交额与 GDP 之比（%）	212.46	198.72	198.06	238.42	197.44
私募股权投资规模与 GDP 之比（%）	0.32	0.68	0.76	1.00	1.46

• 可以看到，证券资金对实体经济的支持表现并不稳定，最能直观反映证券资金对实体经济支持的直接融资指标出现了大幅下降，2017年直接融资规模达到1.32万亿元，较上一年减少了69%，直接融资规模与GDP之比较上一年下降了4.1个百分点。其中，主要影响因素在于全年通过证券市场获得的企业债券融资降幅巨大，2017年全年仅为4495亿元，而上年同期为3万亿元。

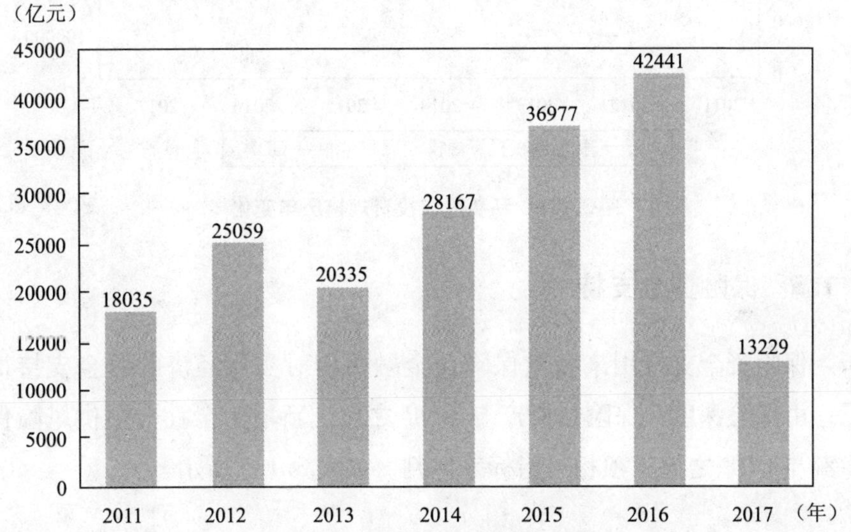

图3.1.4　直接融资规模历年变化

• 商品期货市场在经历了连续多年的持续增长之后，2017年全年交易额有所萎缩，较上一年交易规模同比下降了8%。2017年我国商品期货市场全年成交额163.3万亿元，商品期货市场年度成交额与GDP之比也较上一年下降了约41个百分点。

• 值得注意的是，私募股权投资正成为实体企业获取直接融资的重要途径。2017年，通过私募股权投资获得的资金规模继续大幅放大，达到了12111亿元，与GDP之比已经达到了1.46%。

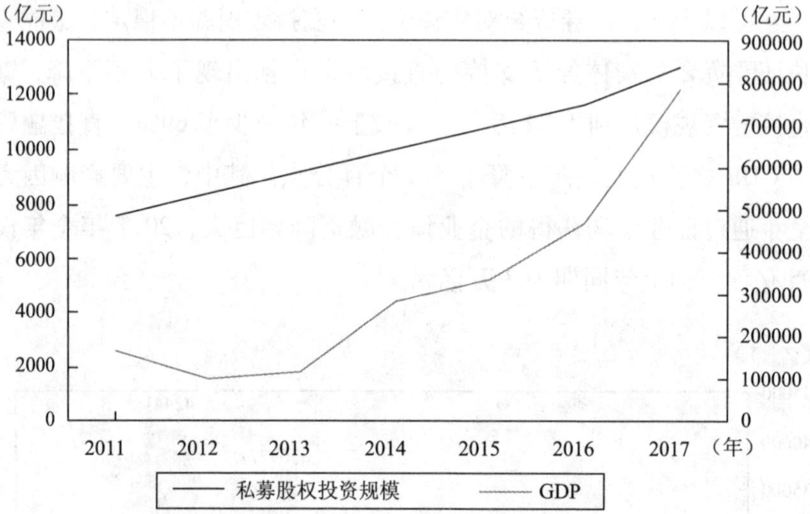

图 3.1.5　私募股权投资规模历年变化

3.1.5　保险资金支持

保险资金支持用来衡量保险业金融机构对实体经济的资金支持情况，由保险深度、保险总资产与 GDP 之比、新增为全社会提供风险保障额与 GDP 之比三项相对指标来评判，如表 3.1.5 所示。

表 3.1.5　保险资金支持项下近五年具体指标值

三级指标	2013 年	2014 年	2015 年	2016 年	2017 年
保险深度（%）	2.89	3.14	3.52	4.16	4.42
保险总资产与 GDP 之比（%）	13.92	15.78	17.94	20.31	20.25
新增为全社会提供风险保障额与 GDP 之比（%）	319.2	456.5	876.6	880.2	2153.2

• 伴随着保险业的持续高速增长，保险资金支持的力度继续稳步提高，保险对全社会经济发展所起到的支持作用十分明显。

• 本期保险业为全社会提供的风险保障额度呈现爆炸式增长，2017 年新增全社会风险保障额达到 1781.0 万亿元，是当年 GDP 的 21.5 倍，新增额度是上一年的 2.7 倍有余。

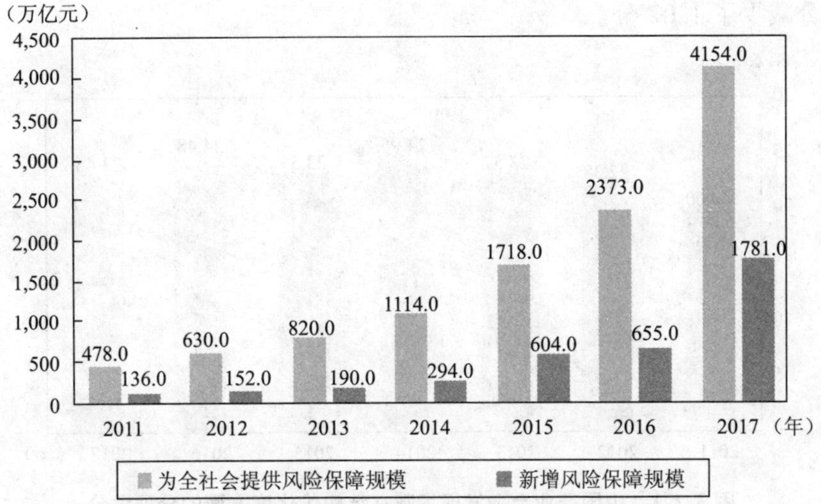

图 3.1.6　保险为全社会提供的风险保障额度历年变化

• 保险深度由 2016 年的 4.16% 上升到 2017 年的 4.42%，提升了 0.26 个百分点。

• 相对来说，保险业总资产规模增速并未超过当年 GDP 增速，其与 GDP 的比值基本维持在上一年相同水平。

3.2　结构优化度

结构优化度为一级指标项，下分融资结构、普惠度、绿色度、开放度等四组共计 15 项三级指标。通过该维度项下的指标评价，意在反映我国金融服务实体的融资结构特点、服务产品特点等。

3.2.1　分项评价概况

结构优化度分项指标得分达到近五年来的最低点，如图 3.2.1 所示。从结构优化度分项的历年评分来看，自 2014 年分项得分达到高点之后，近年来整体分项得分基本没有提升，处于小幅震荡下行态势。2017 年中国产业金融的结构优化度分项得分为 23.46 分，较上一年度得分减少了 1.02 分。

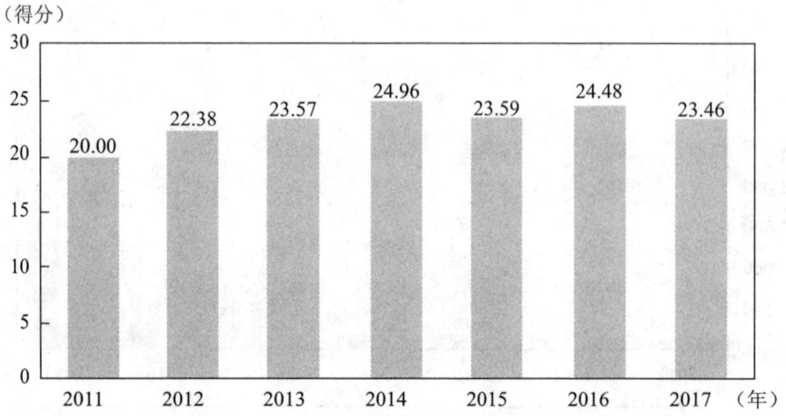

图 3.2.1　中国产业金融发展指数在结构优化度方面的分项评分

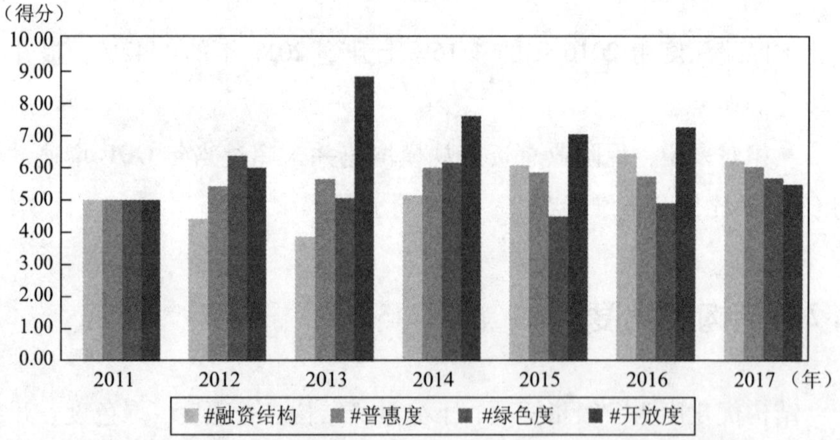

图 3.2.2　中国产业金融指数结构优化度分项下各二级指标领域评分

表 3.2.1　结构优化度各方面的历年得分情况

指标	2011 年	2012 年	2013 年	2014 年	2015 年	2016 年	2017 年
结构优化度	20.00	22.38	23.57	24.96	23.59	24.48	23.46
#融资结构	5.00	4.45	3.85	5.09	6.08	6.46	6.25
#普惠度	5.00	5.43	5.72	6.00	5.90	5.75	6.04
#绿色度	5.00	6.45	5.11	6.20	4.52	4.95	5.73
#开放度	5.00	6.05	8.88	7.68	7.09	7.32	5.44

从本期结构优化度的各分项得分变化来看，我国金融服务普惠度和绿色度是基本上保持一个正向优化提升的态势，这一表现与近年来中央的调控引导方向基本上是一致的。相对来说，金融服务的融资结构和开放度方面得分呈现下滑减少态势，反映出当前我国在这两个领域的优化改善成效并不如预期理想。

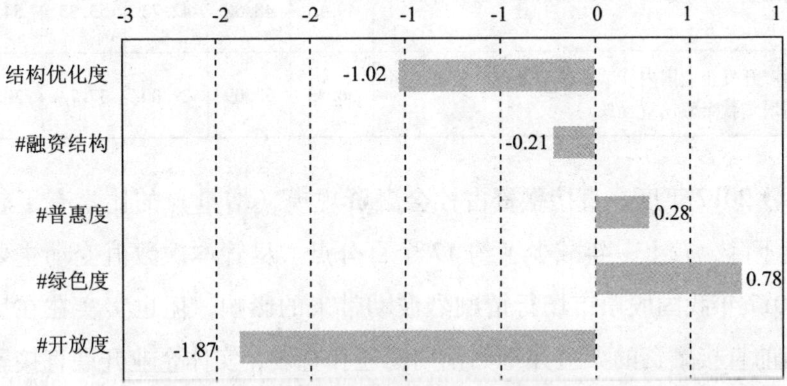

图 3.2.3　结构优化度各方面年度得分变化

从年度变化来看，2017 年分项整体得分小幅减少。其中，开放度得分降幅最大，本年度减少了 1.87 分，主要受到我国资本项开放进程放缓影响。融资结构得分虽有小幅下滑，但与过去 5 年相比，总体呈现优化提升态势；绿色度得分增长最多，本年度增加了 0.78 分，主要因为近两年绿色债券有了长足的发展进步。

3.2.2　融资结构

融资结构反映了不同类型的融资在社会融资中的占比情况，由直接融资占社会融资规模（增量）比重、私募股权投资规模与社会融资规模（增量）之比、境内股票市场非金融类企业市值占比、非金融企业境内股票融资占股票市场融资总额比重以及房地产开发企业国内贷款占非金融企业及机关团体新增贷款余额比重来评判，如表 3.2.2 所示。

表 3.2.2　融资结构项下近五年具体指标值

三级指标	2013 年	2014 年	2015 年	2016 年	2017 年
直接融资占社会融资规模（增量）比重（%）	11.74	17.16	24.00	23.82	6.80
私募股权投资规模与社会融资规模（增量）之比（%）	1.09	2.67	3.41	4.18	6.23
境内股票市场非金融类企业市值占比（%）	67.84	67.01	77.17	76.02	76.08
非金融企业境内股票融资占股票市场融资总额比重（%）	49.15	48.50	42.72	55.35	54.27
房地产开发企业国内贷款占非金融企业及机关团体新增贷款余额比重（%）	36.43	32.09	29.00	37.74	38.55

• 2017 年度，直接融资占社会融资规模（增量）的比重有了较大幅度下降，较上一年减少了约 17 个百分点。尽管本次数值变动主要在于 2017 年我国股票市场行情剧烈波动带来的影响，但也实实在在反映出当前直接融资的渠道并不如预期畅通和有效，实体企业开展直接融资工作还是存在较大困难和障碍的。

• 值得注意的是，私募股权融资渠道正愈发拓宽，实体经济通过私募融资渠道获得的资金规模已经有了大幅增长。2017 年度，私募股权投资规模与社会融资规模（增量）之比达到了 6.23%，较上一年度继续提升 2.05 个百分点，这表明我国各地方政府在大力推动私募股权融资方面取得了显著成效。

• 尽管近年来各地加强了对房地产市场的调控，但从全国整体情况来看，房地产开发企业国内贷款占非金融企业及机关团体新增贷款余额比重仍在增加，2017 年进一步上升到 38.55%，房地产行业对其他行业的资金抽血效应巨大。不过，房地产行业的资金抽血效应也在减弱，比重上升幅度在减缓。

3.2.3　普惠度

普惠度反映的是金融机构对小微企业、三农及欠发达地区的金融支持力度，由小微企业贷款余额占企业贷款余额比重、涉农贷款占金融机构本外币贷款余额比重以及西部十二省社会融资规模增量占全国比重来评判，如表3.2.3所示。

表3.2.3　普惠度项下近五年具体指标值

三级指标	2013年	2014年	2015年	2016年	2017年
小微企业贷款余额占企业贷款余额比重（%）	29.40	30.40	31.20	32.10	33.00
涉农贷款占金融机构本外币贷款余额比重（%）	23.01	24.07	23.76	23.52	24.68
西部十二省社会融资规模增量占全国比重（%）	21.89	23.67	21.12	17.38	19.31

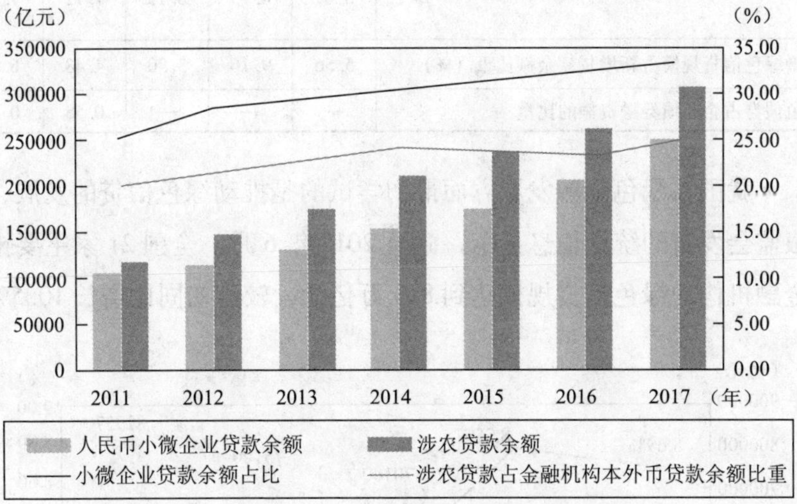

图3.2.4　小微企业贷款和涉农贷款相关指标变化

• 近年来，我国金融业发展的普惠度有明显提升。小微企业贷款余额、涉农贷款余额等核心指标保持平稳增长，2017年两者分别达到24.3万亿元和31万亿元，分别较上一年同比增长16.6%和17.6%。

• 西部十二省的社会融资规模增量占全国的比重近几年一直处于稳步提升状态，不过在2015年和2016年出现一定程度下跌后，2017年止跌回升，区域发展之间的不平衡性趋势得到一定遏制。

3.2.4 绿色度

绿色度反映了我国在推动绿色金融发展方面所开展的工作，由绿色信贷规模占金融机构本外币贷款余额比重、新增绿色信贷规模占新增贷款余额比重和绿色债券占企业债券融资额的比重来评价，如表 3.2.4 所示。

表 3.2.4 绿色度项下近五年具体指标值

三级指标	2013 年	2014 年	2015 年	2016 年	2017 年
绿色信贷规模占金融机构本外币贷款余额比重（%）	8.69	8.75	8.13	7.72	7.61
新增绿色信贷规模占新增贷款余额比重（%）	5.56	9.16	3.90	4.48	6.68
绿色债券占企业债券融资额的比重	—	—	—	0.58	0.62

• 我国在绿色金融发展方面最初尝试的是推动绿色信贷的发展，根据银监会发布的统计信息显示，截至 2017 年 6 月，全国 21 家主要银行业金融机构的绿色信贷规模达到 8.3 万亿元，较年初同比增长 10.5%。

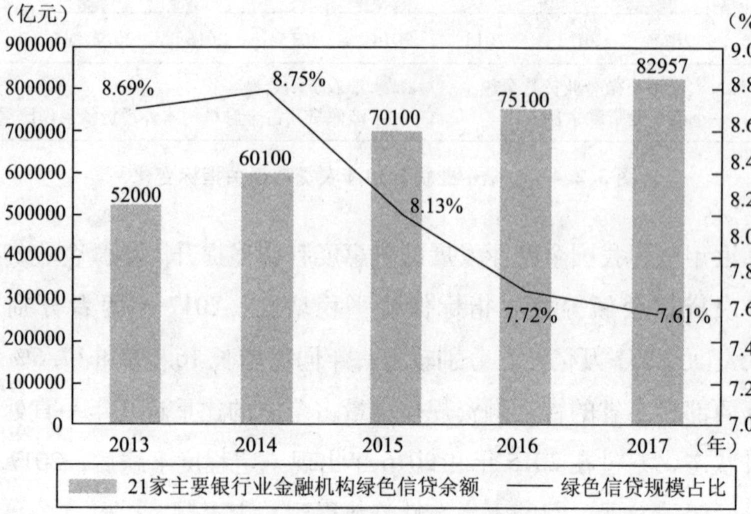

图 3.2.5 绿色信贷规模变化

• 不过，绿色信贷的推广和行业认可程度并没有预期理想，绿色信贷规模增长速度并没有跟上全行业贷款余额增长速度。2017 年，绿色信贷规模占金融机构本外币贷款余额的比重为 7.61%，较上一年度小幅下降 0.11 个百分点，已经是连续 3 年下降。

• 我国于 2015 年开始正式发行绿色债券，当年规模仅有 30 亿元，一年后即 2016 年绿色债券规模便达到 2095 亿元，占企业债券融资额的比重达到 6.99%。2017 年绿色债券发行继续保持上一年势头，全年绿色债券发行规模达到 2486 亿元，较上一年增长 18.7%。

3.2.5　开放度

开放度反映的是境内外贷款和投资的情况，由境外贷款占金融机构本外币贷款余额比重、当年境内企业境外 IPO 上市家数占比、私募基金国外投资金额占比和境外投资者在股票市场的比重（QFII/总市值）来评价，如表 3.2.5 所示。

表 3.2.5　开放度项下近五年具体指标值

三级指标	2013 年	2014 年	2015 年	2016 年	2017 年
境外贷款占金融机构本外币贷款余额比重（%）	2.07	2.12	2.70	2.90	2.73
当年境内企业境外 IPO 上市家数占比（%）	100.00	52.47	39.17	34.20	13.10
私募基金国外投资金额占比（%）	6.07	24.52	22.44	21.38	14.53
境外投资者在股票市场的比重（QFII/总市值）（%）	1.27	1.10	0.99	1.19	1.03

• 近几年随着金融业开放稳步推进，境外贷款余额也由 2013 年的 1.59 万亿元增至 2017 年的 3.43 万亿元，占金融机构本外币贷款余额比重也由 2.07%提升至 2.73%。

• 2017 年，境内企业赴境外 IPO 上市数量大幅回落，2017 年共有 66 家企业赴境外 IPO 上市，较上一年大幅减少 44%，占当年 IPO 上市公司数量的 13.10%。

• 2017 年，私募基金对外投资的规模也有所减少，全年国外投资金额占比回落至 14.53%，较上一年下降 6.85 个百分点。

• 2017 年，QFII 获批投资额度达到 972 亿美元，但占我国股票市场的比重有所回落，年末占比为 1.03%，较上一年小幅下降 0.16 个百分点。

3.3 服务有效度

服务有效度为一级指标项，下分社会融资效率、银行服务效率、证券服务效率、保险服务效率以及产融结合率等五组共计 12 项三级指标。通过该维度项下的指标评价，可以衡量我国产业金融发展过程中金融服务实体过程中的服务有效性和服务效率。

3.3.1 分项评价概况

从服务有效度分项的历年评分来看（如图 3.3.1 所示），在经历了 2013 年以来分项得分持续提升后，本期 2017 年度产业金融的服务有效度得分小幅回落，分项得分 22.60 分，较上年度减少 0.24 分。

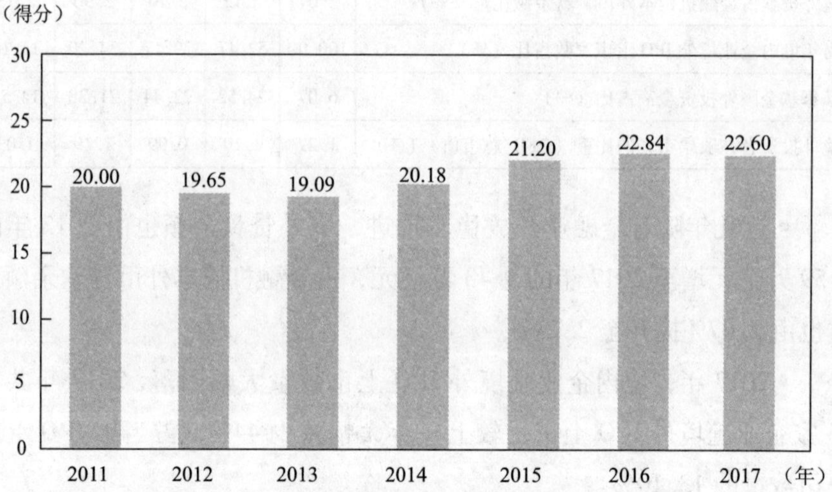

图 3.3.1 中国产业金融服务有效度方面的分项评分

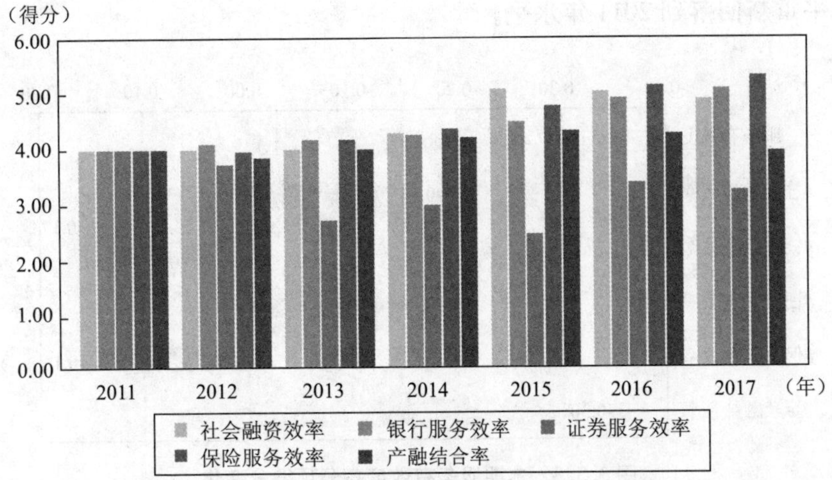

图 3.3.2　中国产业金融服务有效度得分构成变化

表 3.3.1　服务有效度各方面的历年得分情况

指标	2011 年	2012 年	2013 年	2014 年	2015 年	2016 年	2017 年
服务有效度	20.00	19.65	19.09	20.18	21.20	22.84	22.60
#社会融资效率	4.00	4.00	3.99	4.31	5.11	5.06	4.92
#银行服务效率	4.00	4.07	4.19	4.27	4.51	4.94	5.12
#证券服务效率	4.00	3.75	2.73	2.98	2.44	3.40	3.26
#保险服务效率	4.00	3.96	4.20	4.40	4.79	5.16	5.32
#产融结合率	4.00	3.87	3.98	4.22	4.34	4.28	3.98

从构成产业金融服务有效度的五个领域指标得分来看，社会融资效率、银行服务效率和保险服务效率均是有明显改善和提升的。相对来说，证券服务效率和产融结合率的表现不甚理想，甚至较 2011 年还出现了较大幅度下降。

2017 年度，银行服务效率和保险服务效率得分均实现了小幅增长，而社会融资效率、证券服务效率和产融结合率的得分均小幅下跌。其中，受证券市场波动影响，产业集团控股的金融上市公司市值规模再次缩水，占全部金融上市公司市值的比重大幅下降，导致产融结合率得分水平重新回落到2011年水平。

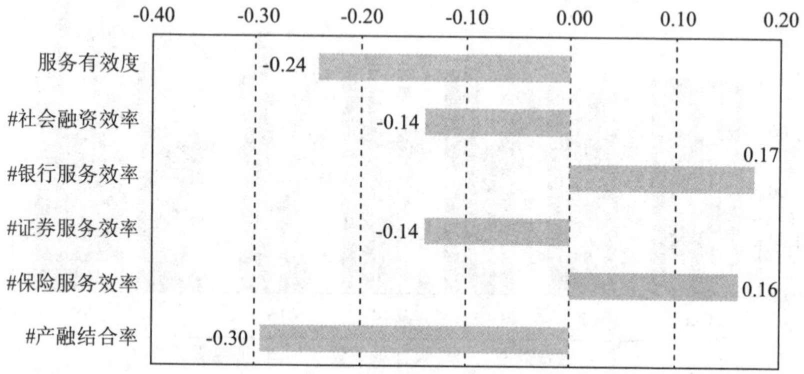

图3.3.3　本期服务有效度各分项得分变化

3.3.2　社会融资效率

社会融资效率反映了实体企业从金融系统获取资金的成本和产出效率，由人民币一般贷款加权平均利率、GDP与全社会融资服务规模（增量）之比两项指标来衡量，如表3.3.2所示。

表3.3.2　社会融资效率项下近五年具体指标值

三级指标	2013年	2014年	2015年	2016年	2017年
人民币一般贷款加权平均利率（%）	7.14	6.92	5.64	5.44	5.80
GDP与全社会融资服务规模（增量）之比（%）	343.74	392.35	447.26	417.68	425.41

- 长期来看，我国实体企业的融资成本是在不断下降的。自2011年以来，人民币一般贷款加权平均利率由区间最高点7.80%，逐步下降，一度最低达到5.44%。

- 不过，2017年我国实体企业的融资成本有所上升，全年人民币一般贷款加权平均利率达到5.80%，较上一年小幅上升0.36个百分点。

- GDP与全社会融资服务规模（增量）之比由上年的417.68%提升至425.41%，反映出社会融资规模增量的支持效率在不断增加，每1

单位的社会融资规模增量，可以有效支持4.25单位的GDP。

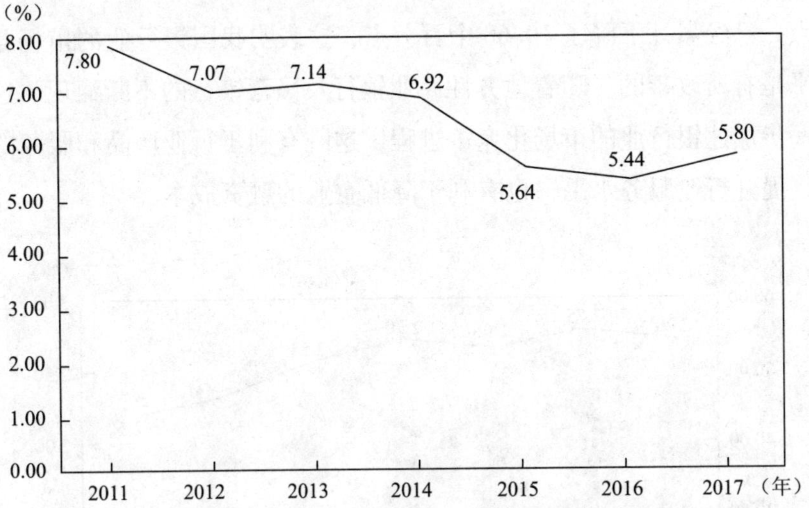

图3.3.4　人民币一般贷款加权平均利率变化

3.3.3　银行服务效率

银行服务效率指标由银行业集中度（前五资产所占比重）及商业银行净利息收益率（息差）构成，两项指标都是逆指标，数值越小越好。前者数值越大表明银行业资源越集中，行业的垄断特征就越显著，客观上行业的市场竞争效率就会受到影响。而后者数值越高，即息差越大，表明银行机构通过简单的吸存、放贷操作就可以高额获利，很难有动力去创新产品和服务、提高服务效率，这会极大影响行业服务效率。详细情况见表3.3.3。

表3.3.3　银行服务效率项下近五年具体指标值

三级指标	2013年	2014年	2015年	2016年	2017年
银行业集中度（CR5，前五资产所占比重）（%）	45.38	43.43	41.30	39.28	38.74
商业银行净利息收益率（息差）（%）	2.68	2.70	2.54	2.22	2.10

• 2017 年，银行业集中度继续保持下降态势，CR5 进一步下降到 38. 74%，较上一年下降 0. 54 个百分点；行业集中度较 2011 年的区间高点，已经累计下降了 10. 68 个百分点，这表明我国银行业的市场竞争水平是有所改善的。随着地方性商业银行及民营银行的不断涌现，这将进一步加速银行业的市场化竞争进程，这既有利于行业产品和服务的创新，提升行业服务水平，也有利于降低企业的融资成本。

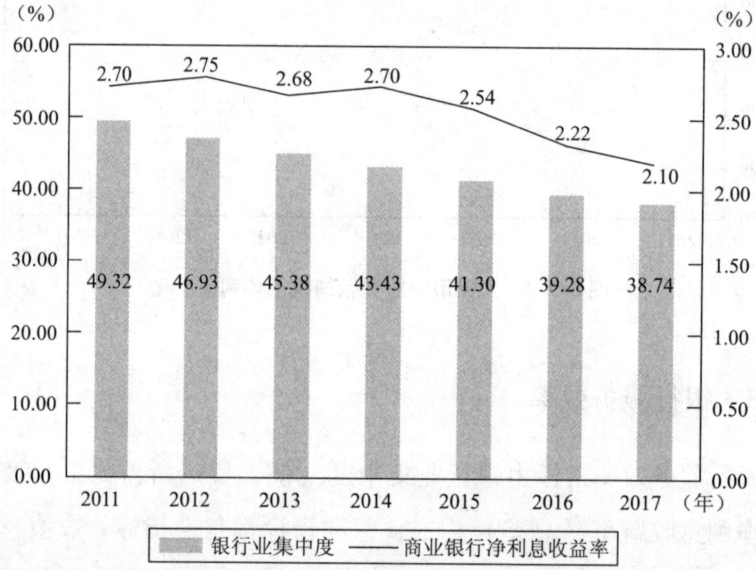

图 3. 3. 5　银行服务效率相关具体指标变化

• 从银行净利息收益率变化来看，近年来随着利率市场化改革进程的推进，银行业的行业竞争水平确实有所上升，银行传统的利差收益区间在不断收窄，反映在商业银行息差上就是出现了持续下降。

3. 3. 4　证券服务效率

证券服务效率指标由境内股票融资额与股票市场交易额之比及证券业集中度（前五资产所占比重）构成，前者反映的是企业通过股票市场进行融资的情况，后者反映的是证券业资产的集中程度，数值越大表明证券行业的垄断特征可能就越明显。详细情况见表 3. 3. 4。

表 3. 3. 4　证券服务效率项下近五年具体指标值

三级指标	2013 年	2014 年	2015 年	2016 年	2017 年
境内股票融资额与股票市场交易额之比（%）	0. 96	1. 21	0. 70	1. 76	1. 43
证券业集中度（CR5，前五资产所占比重）（%）	39. 87	40. 68	39. 23	47. 44	40. 30

• 2017 年，股票市场经历了一轮较大行情回落，一、二级市场的交易规模均受到了较大影响。在经历了一波上市 IPO 提速之后，2017 年通过股票市场开展直接融资的速度显著放缓，全年股票市场融资额 16095 亿元（不含企业债券融资），较上一年度减少 28%。由于二级市场交易额并无太大缩水，导致境内股票融资额与股票市场交易额之比较上一年减少了 0. 33 个百分点。

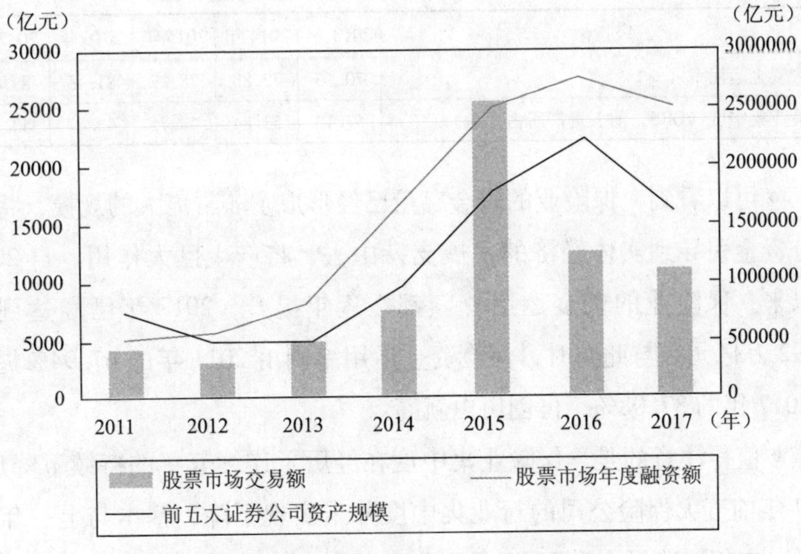

图 3. 3. 6　证券服务效率相关具体指标变化

• 可以看到，证券业前五大公司的资产规模与股票市场活跃性是息息相关的，伴随着股票市场行情回落，行业资产规模排名前五的证券公司总资产规模出现了较大程度回落，行业占比由上一年的历年高点

47.44%回落到2017年度的40.3%。不过，针对拥有100多家证券公司的证券行业，前五大公司40%的行业集中度，仍旧显得过高，未来还需要进一步提升行业市场化竞争水平。

3.3.5 保险服务效率

保险服务效率指标由保险资金运用率和保险业集中度（前五资产所占比重）构成。前者反映的是除去银行存款后，保险资金的实际使用率，代表着保险资金对实体经济的直接支持能力。后者是一项逆指标，指标数值越小越好，反映的是保险业资产的集中程度，数值越小，表明行业集中度越低，行业的垄断特征就越少，行业经充分市场化竞争带来的服务效率提升可能性就越显著。详细指标情况见表3.3.5。

表3.3.5 保险服务效率项下近五年具体指标值

三级指标	2013年	2014年	2015年	2016年	2017年
保险资金运用率（%）	70.55	72.88	78.22	81.45	87.08
保险业集中度（CR5，前五资产所占比重）（%）	57.10	53.84	48.75	43.87	43.98

• 可以看到，保险业的资金存量已经形成了非常庞大的规模，将这部分资金引导到实体经济的发展支持中去，将产生巨大作用。自2011年以来，保险业的资金运用总额都在逐年提升，2017年已经达到了14.92万亿元。与此同时，保险资金运用率则由2011年的67.94%提升至2017年的87.08%，再创历史新高。

• 值得注意的是，保险业集中度在经历了连续五年的持续下降后，2017年前五大保险公司的行业集中度并未实现下降，基本与上一年度持平，本年度略微上升0.11个百分点至43.98%。

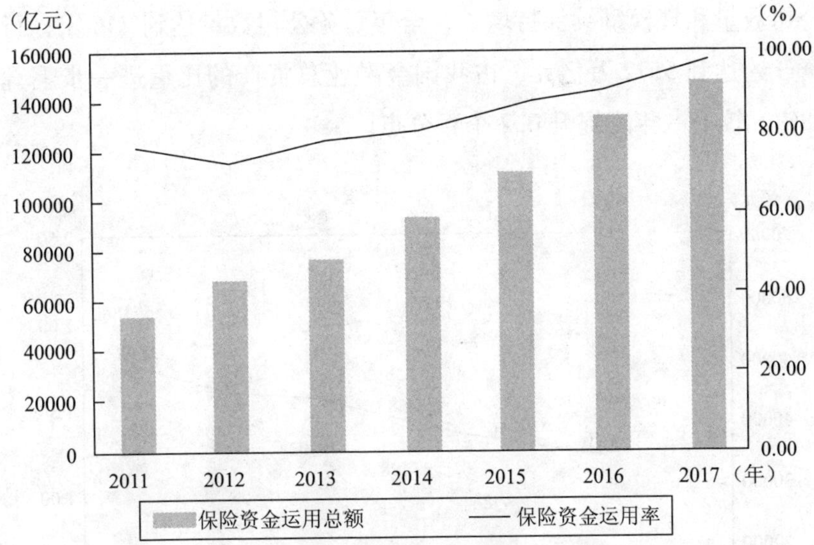

图 3.3.7　保险资金运用情况变化

3.3.6　产融结合率

产融结合率反映的是产业资本与金融资本的融合程度，由全国财务公司总资产与金融总资产之比、金融上市公司中被产业集团控股的市值占比、私募股权投资基金中的企业 LP 占比及融资担保业在保余额与社会融资规模（存量）之比构成，如表 3.3.6 所示。

表 3.3.6　产融结合率项下近五年具体指标值

三级指标	2013 年	2014 年	2015 年	2016 年	2017 年
全国财务公司总资产与金融总资产之比（%）	1.56	1.68	1.85	1.88	2.08
金融上市公司中被产业集团控股的市值占比（%）	20.32	25.57	27.92	27.05	19.78
私募股权投资基金中的企业 LP 占比（%）	16.4	14.9	14.6	14.8	16.0
融资担保业在保余额与社会融资规模（存量）之比（%）	2.39	2.23	1.97	1.86	1.66

- 财务公司成为我国产融结合发展的主要亮点所在。2017 年，财

务公司数量和规模继续保持增长，全年财务公司数量达到 246 家，行业总资产约达到 5.72 万亿元，占我国金融业总资产的比重进一步上升到 2.08%，较上一年度提升 0.2 个百分点。

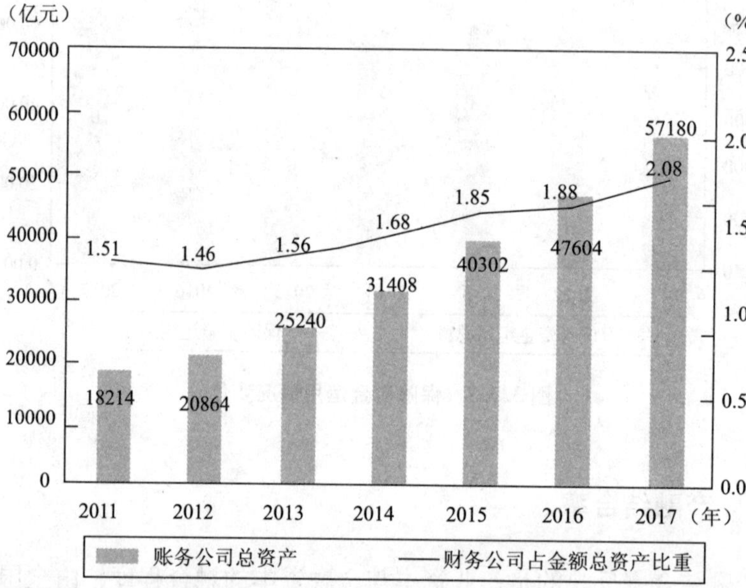

图 3.3.8　中国财务公司发展状况

• 近几年，产业集团在控股金融上市公司中的力度也在不断加强。不过 2017 年该项比重大幅下滑，由上一年度的 27.05%，下降至本年度的 19.78%，降低 7.27 个百分点。这与国家严格限制和规范非金融企业投资金融机构政策有很大关系。

• 私募股权投资基金中企业 LP 的占比在经历了前五年的持续下降之后，2017 年开始回升，年末企业 LP 占比达到 16.0%，较上一年度提升 1.2 个百分点。近年来，以 CVC（Corporate Venture Capital，企业风险投资）为代表的私募投资基金开始在国内兴起，这成为我国企业开展产融结合的一种新方式和新渠道。

• 融资担保在经历了清理整顿之后，当前发展依旧处于过渡调整期。尽管中央在 2017 年度进一步明确了支持融资担保行业发展的决心，但当前融资担保业的发展陷入相对低迷却是不争的事实。在此情况下，伴随着社会融资规模上升幅度更大，融资担保业在保余额与社会融资规模（存量）之比继续呈现下降趋势，2017年该项指标比值进一步降低至1.66%。

3.4　创新发展度

创新发展度为一级指标项，下设新型金融发展和金融支持双创发展两组共计12项三级指标。通过该维度项下的指标评价，可以看到我国产业金融发展过程中的金融创新支持能力和创新成效。

3.4.1　分项评价概况

伴随着人工智能、大数据、云计算、区块链等新型技术的兴起，一批跨界应用的金融创新成果开始涌现，为金融服务实体经济提供了新的支持方式和支持内容。在此推动下，中国产业金融的创新发展度得分保持持续增长态势。

图3.4.1　中国产业金融在创新发展度方面的分项评分

从创新发展度分项的历年评分变化来看，如图 3.4.1 所示，2011 年至 2014 年间，我国产业金融的创新步伐并不顺利，创新发展度得分几乎没有太多改变。创新发展的步伐始于 2015 年，自此之后每年创新发展度分项得分保持高速增长。2017 年度，中国产业金融创新发展度分项得分为 53.50 分，较上一年度增加 4.98 分，增速达到 10.3%，增速较前两年有所放缓。

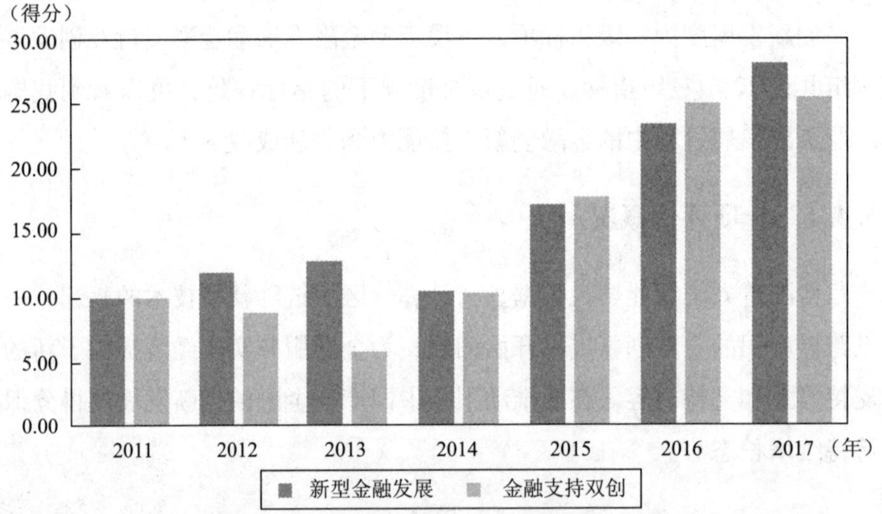

图 3.4.2　中国产业金融创新发展度分项得分构成

从构成创新发展度的得分项来看，我国产业金融在新型金融发展方面，基本保持着稳定的增长态势。而在金融支持双创方面，在经历了 2013 年的相对低谷之后，保持着相对高速的增长。

表 3.4.1　创新发展度各方面的历年得分情况

指标	2011 年	2012 年	2013 年	2014 年	2015 年	2016 年	2017 年
创新发展度	20.00	20.58	18.52	20.91	34.68	48.52	53.50
#新型金融发展	10.00	11.76	12.82	10.67	17.08	23.47	28.06
#金融支持双创	10.00	8.83	5.71	10.24	17.60	25.04	25.44

从构成创新发展度的两个得分项变化来看，2017年推动创新发展度得分增长的核心方面在新型金融的发展，其中私募基金、民营银行和融资租赁有相对出色的表现。这些新型金融业态的蓬勃兴起，在丰富金融机构类型的同时，也满足了不同群体的金融需求，成为支持实体经济发展不可或缺的力量。

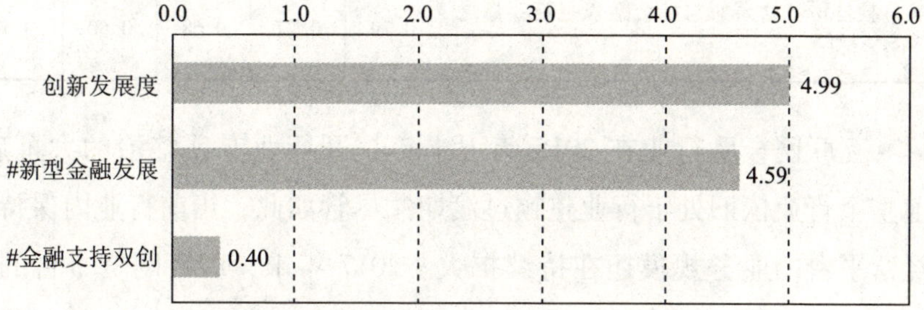

图 3.4.3 创新发展度2017年度得分变化

3.4.2 新型金融发展

新型金融发展用来衡量新型金融的发展状况及其对实体经济的支持力度，由P2P网贷平台贷款余额与社会融资总额存量之比、众筹平台融资金额与社会融资总额增量之比、私募基金管理规模（实缴）与GDP之比、民营银行数量占商业银行总数的比重、融资租赁合同余额与社会融资规模存量之比以及小额贷款公司贷款余额与社会融资规模存量之比六项相对指标来衡量，如表3.4.2所示。

表 3.4.2 新型金融发展项下近五年具体指标值

三级指标	2013年	2014年	2015年	2016年	2017年
P2P网贷平台贷款余额与社会融资总额存量之比（%）	—	0.11	0.40	0.77	0.99
众筹平台融资金额与社会融资总额增量之比（%）	—	0.01	0.10	0.19	0.18

续表

三级指标	2013 年	2014 年	2015 年	2016 年	2017 年
私募基金管理规模（实缴）与 GDP 之比（%）	—	2.32	6.03	10.60	13.42
民营银行数量占商业银行总数的比重（%）	—	0.14	0.42	0.64	1.11
融资租赁合同余额与社会融资规模存量之比（%）	1.95	2.60	3.21	3.42	3.47
小额贷款公司贷款余额与社会融资规模存量之比（%）	0.79	0.77	0.68	0.60	0.56

• 互联网金融行业在 2015 年下半年拉开行业专项整治的大幕后，目前整个行业依旧处于行业整顿过渡期。尽管如此，当前行业内保持正常经营平台的业务规模还在持续扩大。2017 年末，P2P 网贷平台的贷款余额达到了 1.72 万亿元，较上一年度继续增长 42.8%；当前行业的贷款余额占全社会融资总额存量的比重已经将近 1%，已成为不可忽视的行业力量。相对来说，互联网众筹平台发展已经陷入瓶颈期，整个行业 2017 年的融资规模为 345 亿元，较上一年仅增长了 4.5%。

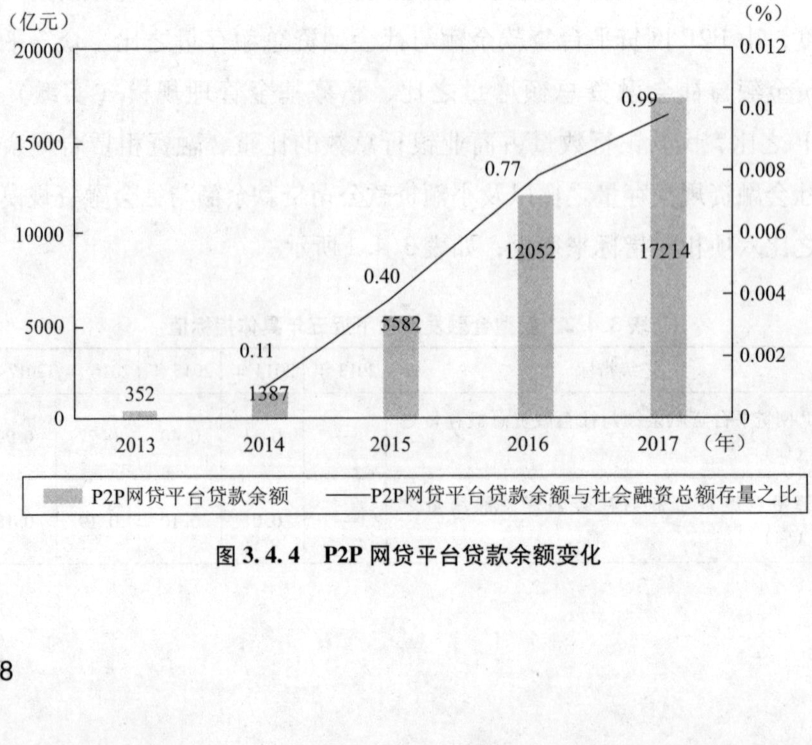

图 3.4.4　P2P 网贷平台贷款余额变化

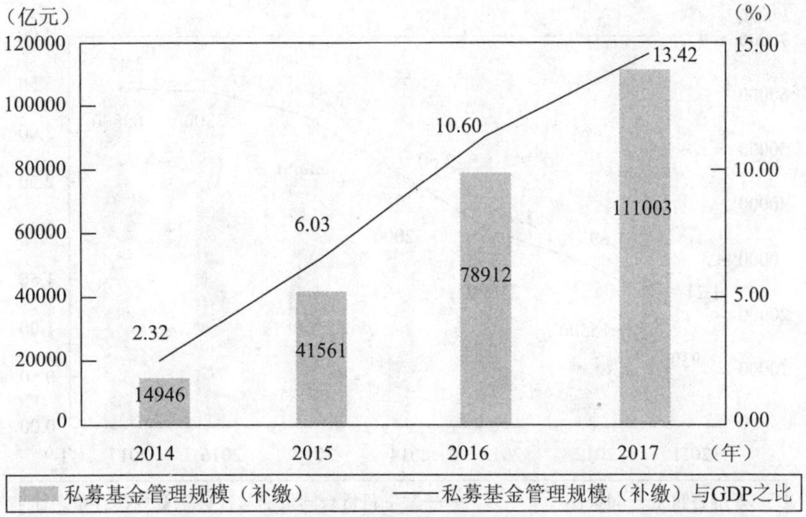

图 3.4.5　私募基金管理规模（实缴）变化

• 近年来，私募行业在不断规范的同时实现了规模的快速增长。2017 年，在中国证券投资基金业协会备案登记的私募基金管理人实缴管理规模突破 10 万亿元，达到 11.1 万亿元，与当年 GDP 之比达到了 13.42%。

• 按照“在加强监管前提下，允许具备条件的民间资本依法发起设立中小型银行等金融机构”的改革任务，银监会从 2014 年开始开展民营银行首批试点工作，积极稳妥推进民营银行常态化发展。2017 年度，民营银行开业运营的数量再次迎来一波增长。全年新增 9 家民营银行开业运营，使得总数达到了 17 家。根据银监会此前发布的数据显示，截至 2017 年末，民营银行总资产为 3381.4 亿元，较上一年度同比增长 85.22%；各项贷款余额 1444.17 亿元，增长 76.38%；总计实现净利润 19.67 亿元，是上年同期的 2.09 倍，远远高于传统银行的利润增幅。

• 2017 年，融资租赁行业继续迎来较快增长，年末合同余额达到了 6.06 万亿元，较上一年度同比增长 13.7%，增速快于社会融资规模（存量），其占社会融资规模（存量）的比例进一步上升到 3.47%。

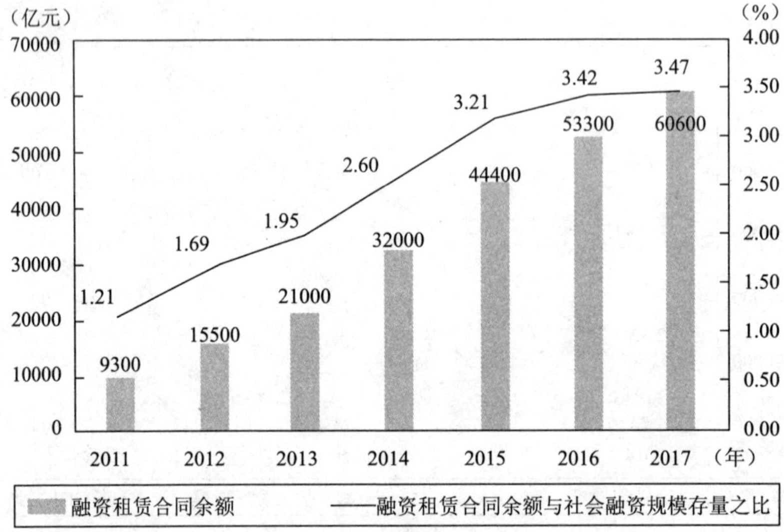

图 3.4.6　融资租赁行业发展规模变化

• 受银行业务下沉、互联网金融冲击、业务空间压缩、行业风险释放等诸多因素影响，小额贷款公司发展有所停滞。2017 年，小额贷款公司行业发展有小幅增长，全行业贷款余额达到 9799 亿元，在社会融资规模（存量）的占比则继续逐年下滑，已经降至 0.56%。

3.4.3　金融支持双创

金融支持双创用来衡量金融业对创新创业活动的服务效能，由每万家企业新三板市场挂牌数、每万家企业区域股权市场挂牌数、创业板年度融资量占股票市场融资量比重、私募股权投资基金新增募资金额与 GDP 之比、年度创业投资规模与 GDP 之比以及并购交易规模社会融资规模增量之比六项相对指标来评判，如表 3.4.3 所示。

表 3.4.3　金融支持双创项下近五年具体指标值

三级指标	2013 年	2014 年	2015 年	2016 年	2017 年
每万家企业新三板市场挂牌数	—	0.86	2.35	3.91	4.00
每万家企业区域股权市场挂牌数	4.49	13.74	20.53	29.58	28.94

续表

三级指标	2013年	2014年	2015年	2016年	2017年
创业板年度融资量占股票市场融资量比重（%）	1.74	5.58	8.83	9.99	9.29
私募股权投资基金新增募资金额与GDP之比（%）	0.42	0.79	1.14	1.84	2.16
年度创业投资规模与GDP之比（%）	0.15	0.38	0.56	0.52	0.74
并购交易规模与社会融资规模增量之比（%）	3.27	4.42	6.77	10.35	9.73

• 金融业是创新创业最大的“生态”，有效的金融制度安排和创新的金融服务手段是创新创业迅速发展的关键因素。2017年，金融对“双创”的支持得到进一步加强，不过增长幅度有所放缓。

• 新三板市场在经历了一轮急速扩张之后，市场增长势头已经急剧放缓。2017年全年新增挂牌企业数量1467家，年末挂牌企业总数11627家，较上一年度增长14.4%；全年共完成2729次股票发行，实际融资1324.34亿元；全年市场交易额2144亿元，同比增长15.9%；全国每万家企业在新三板市场挂牌数已经达到了4家。

• 2017年，中央发布的《区域性股权市场监督管理试行办法》开始施行。按照规定，各省、自治区、直辖市、计划单列市行政区域内设立的区域股权市场运营机构不得超过1家。在此背景下，全国部分地区的区域股权市场掀起了一轮整合。截至2017年底，全国共有40家区域性股权市场，挂牌展示的企业数量达到8.41万家。

• 2017年创业板市场全年新增上市公司141家，全年累计发行筹资1496亿元，累计成交金额达到16.55万亿元。创业板市场股票发行筹资额占股票市场融资总量的比重小幅降低0.7个百分点，至9.29%。

• 2017年，私募基金行业延续上一年度发展热潮，继续保持高速增长。2017年私募股权投资基金新增募资金额再创新高，全年募资达到17889亿元，较上一年度增长30.5%，其与GDP的比值也进一步上升到2.16%。

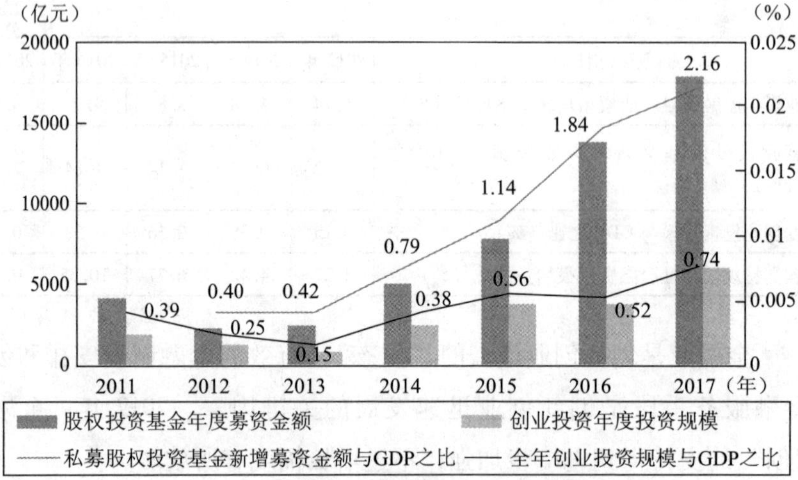

图 3.4.7　私募基金行业发展规模变化

• 2017 年创业投资规模也呈现爆炸式增长，全年投资规模达到 6084 亿元，较上一年度同比增长 58.5%。

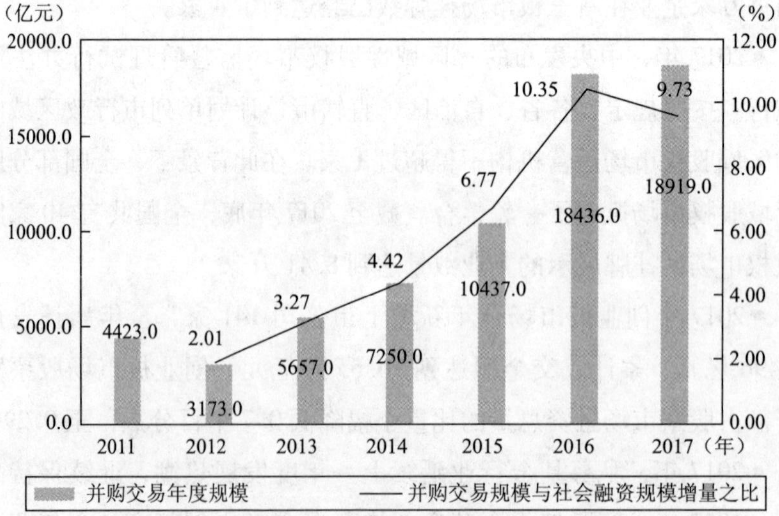

图 3.4.8　并购交易年度规模变化

• 2017 年，国内并购交易规模增长势头有所放缓。全年并购交易规模达到18919亿元，与上一年度基本持平。并购交易规模与社会融资规模增量的比值达到了9.73%，较上年度小幅回落0.62个百分点。

3.5 环境适应度

环境适应度为一级指标项，下分风险环境、政务环境、政策环境和中介环境四个方面共计13项三级指标。通过该维度项下的指标评价，可以把握社会各界为支持产业金融发展所做出的努力成效。

3.5.1 分项评价概况

从环境适应度分项的历年评分来看（如图3.5.1所示），2015年以来，产业金融发展的外部环境就得到了极大改善和提升。2017年度，环境适应度分项得分再次实现正增长，不过增长速度有所放缓，较上一年度同比增长5.4%。

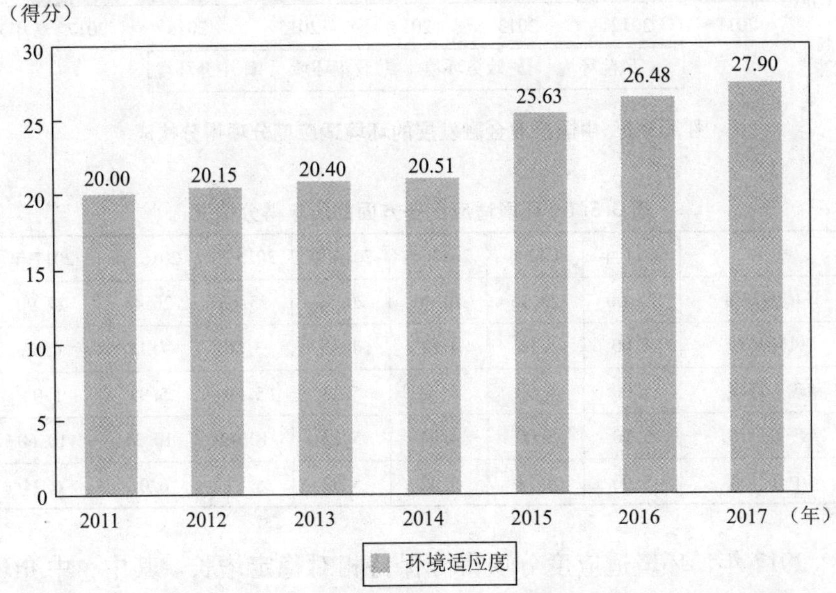

图3.5.1　中国产业金融发展的环境适应度分项评分

从构成环境适应度得分的各个方面来看（如图 3.5.2 所示），尽管我国产业金融发展的外部环境总体向好，但是各分项环境指标的表现差异较大。其中，政务环境、政策环境和中介环境都实现正增长，特别是政策环境的增值幅度最大，而风险环境却出现一定程度的下降。政策环境分项得分在 2015 年出现跃升，其主要推动力是自 2015 年开始，政府引导基金规模出现了大幅度增长。

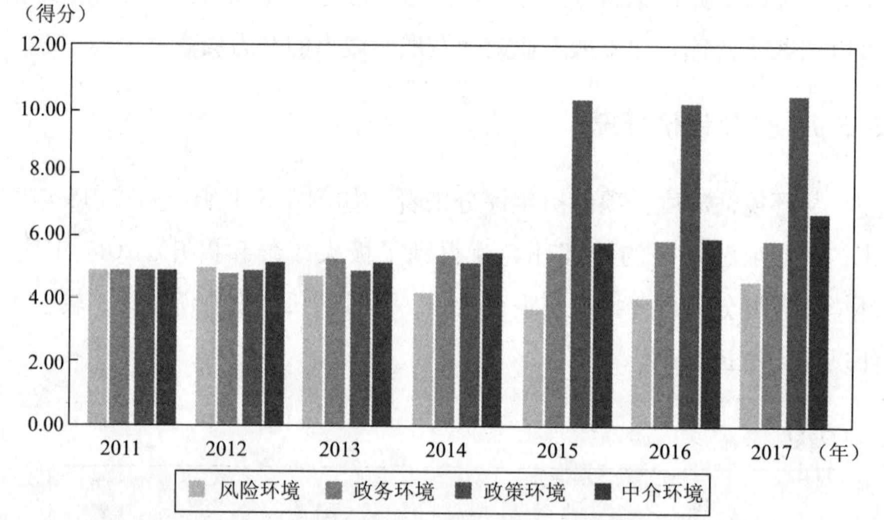

图 3.5.2　中国产业金融发展的环境适应度分项得分构成

表 3.5.1　环境适应度各方面的历年得分情况

指标	2011 年	2012 年	2013 年	2014 年	2015 年	2016 年	2017 年
环境适应度	20.00	20.15	20.40	20.51	25.63	26.48	27.90
#风险环境	5.00	5.06	4.81	4.33	3.80	4.13	4.62
#政务环境	5.00	4.92	5.33	5.43	5.60	5.93	5.93
#政策环境	5.00	5.00	4.94	5.23	10.42	10.34	10.60
#中介环境	5.00	5.18	5.32	5.52	5.82	6.07	6.74

2017 年，环境适应度分项得分保持相对稳定增长。其中，中介环境和风险环境成为本年度改善最为明显的领域。需要说明的是，由于政

务环境涉及的三项评价指标本年度暂无数据更新，因此该分项评价与上一年没有变化。

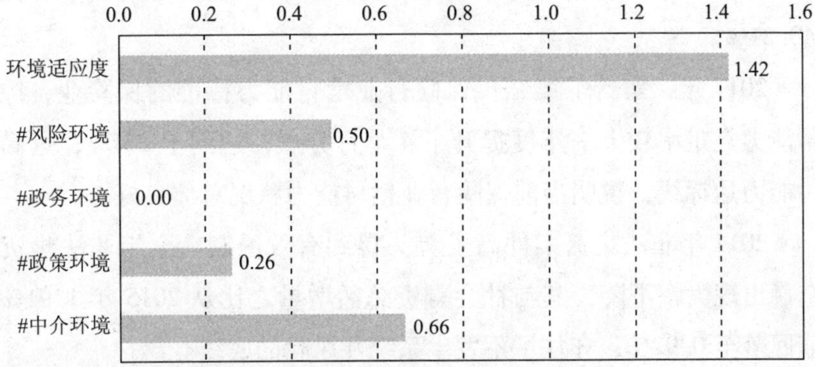

图 3.5.3　环境适应度各方面年度得分变化

3.5.2　风险环境

风险环境是从潜在风险的角度衡量产业金融的外部发展环境，由商业银行资本充足率、资本市场年化波动率、保险行业综合偿付能力充足率以及非法集资涉案金额与社会融资总额增量之比四项相对指标来评判，如表 3.5.2 所示。

表 3.5.2　风险环境项下近五年具体指标值

三级指标	2013 年	2014 年	2015 年	2016 年	2017 年
商业银行资本充足率（%）	12.19	13.18	13.45	13.28	13.65
资本市场年化波动率（%）	41.42	40.25	69.97	48.21	40.21
保险行业综合偿付能力充足率（%）	—	230	264	247	251
非法集资涉案金额与社会融资总额增量之比（%）	0.54	1.14	1.91	1.41	0.92

• 2017 年，商业银行资本充足率较上一年实现稳步提升，达到 13.65%，远高于银监会《商业银行资本管理办法（试行）》关于商业银行，核心一级资本充足率不得低于 5%、一级资本充足率不得低于

6%、资本充足率不得低于8%的最低要求。

• 在经历了2015年、2016年股票市场行情的大起大落之后，2017年度的资本市场年化波动率回归到近年来的40%左右平均水平，全年为40.21%。

• 2017年，实行了第二代保险行业偿付能力标准的保险业，综合偿付能力充足率较上一年度提升了4个百分点，达到了251%，远高于偿付能力达标线，说明当前保险行业偿付能力状况总体良好。

• 2017年非法集资案件高发势头得到有效遏制，全年非法集资涉案金额出现大幅下降，其与社会融资总额增量之比从2015年1.91%的峰值回落至0.92%，守住了不发生系统性风险的底线。

3.5.3 政务环境

政务环境是从政务效率的角度衡量产业金融的外部发展环境，由腐败控制水平、营商便利度以及法制水平三项相对指标来评判，如表3.5.3所示。由于在本期指数发布之前，世界银行并未发布指标项下的这三个指标最新年度的数据，因此本期评价沿用上一年的数据，分项指数评价结果与上一年一样。

表3.5.3 政务环境项下近五年具体指标值

三级指标	2013年	2014年	2015年	2016年	2017年
腐败控制水平	44.55	45.67	48.56	49.04	49.04
营商便利度	61.13	63.14	62.86	64.28	64.28
法治水平	38.97	38.94	39.9	46.15	46.15

• 腐败控制水平逐年上升，百分等级从2011年的37.91上升到2016年的49.04，表明我国反腐工作取得持续性进展。然而，由于低于50.00的国际中位线水平，该分项指标仍然存在较大的改善空间。

• 营商便利度进步很快，总体前沿距离从2011年的59.45快速上升到2016年64.28。但是在全球190个国家和地区中，我国营商便利度目前仅排名第78位，处于中游偏上水平，与第二大经济体地位不匹配。根据世行2017年报告，我国亟须解决施工许可办理难度大、税费庞杂、开办企业流程需精简、中小投资者保护不足、电力获得困难、开展跨境贸易障碍多等突出问题。

• 法治水平提升速度较快，百分等级从2011年的37.91跃升至2016年的46.15。纵向来看，我国在执法力度与效率、财产权保护、阻止犯罪和暴力行为发生等方面取得了较大进步。横向来看，我国法治水平依旧落后于多数发达国家，需要继续加强法治建设，提升整体法制观念。

3.5.4　政策环境

政策环境是从政策支持的角度衡量产业金融的外部发展环境，由政府引导基金（实际到位）与私募基金管理规模（实缴）之比、财政科技支出占总支出比重以及政府效率指数三项相对指标来评判，如表3.5.4所示。

表3.5.4　政策环境项下近五年具体指标值

三级指标	2013年	2014年	2015年	2016年	2017年
政府引导基金与私募基金管理规模之比（%）	8.65	8.65	30.81	30.36	31.38
国家财政科技支出占总支出比重（%）	3.63	3.50	3.33	3.50	3.58
政府效率（%）	55.45	64.9	68.27	67.79	67.79

• 2017年，我国政府发起设立的引导基金规模增长延续上一年态势，继续保持高速增长。根据清科研究中心统计显示，截至2017年底，国内政府引导基金实际管理规模已经达到34836亿元，较上一年度增长了45.4%，与私募基金管理规模之比继续维持在30%左右，达到31.38%。

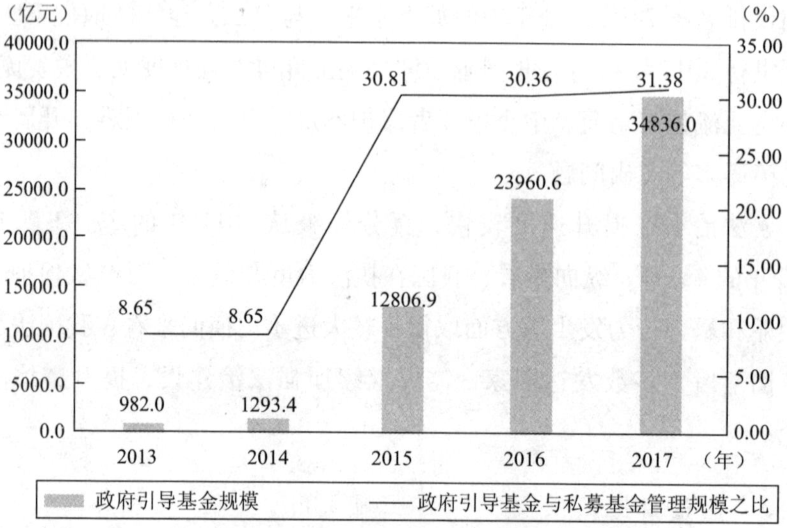

图 3.5.4　政府引导基金规模变化

•随着我国对科技重视程度的提高，国家财政对科技的投入逐年递增。2017 年，国家财政科技支出占比实现小幅上涨，达到了 3.58%，较上一年度提升了 0.08 个百分点。

•2011 至 2015 年，我国政府效率的百分等级持续上升，在 2016 年略有下滑，但是仍然保持接近 70 的高位，说明我国政府在公共服务效率、公务员素质、政策制定与实施质量、政府信誉度等方面具有明显优势。

3.5.5　中介环境

中介环境是从中介机构的角度衡量产业金融的发展环境，由每百万人口注册会计师数、每百万人口执业律师数、每百万人口资产评估机构数三项相对指标来评判，如表 3.5.5 所示。

表 3.5.5　中介环境项下近五年具体指标值

三级指标	2013 年	2014 年	2015 年	2016 年	2017 年
每百万人口注册会计师数（个）	70.07	70.42	73.75	74.55	75.95

续表

三级指标	2013年	2014年	2015年	2016年	2017年
每百万人口执业律师数（个）	182.71	198.46	216.19	216.97	262.57
每百万人口资产评估机构数（家）	2.32	2.34	2.37	2.39	2.90

- 截至2017年底，我国注册会计师人数达到了10.56万人，年末每百万人口注册会计师数量达到75.95人，较上一年小幅提升了1.4人。

- 近年来，我国律师事业发展势头迅猛。2017年，我国执业律师人数继续保持快速增长，年末执业律师数达到了36.5万人，较上一年度同比增长11.6%；每百万人口执业律师数再创新高，达到262.57人。

- 2016年7月，《中华人民共和国资产评估法》正式颁布，资产评估行业的法律地位和法治框架基本奠定。2017年，资产评估机构数量再次迎来一波爆发式增长，年末机构数量达到4031家，较上一年度增加了727家，增幅达到22%；每百万人口资产评估机构数量上升到2.9家。

第4章　中国产业金融分地区评价

为了更好地评估我国产业金融发展的特点，本期报告引入一套针对我国31个省级行政区（不含港澳台）产业金融发展特征的评价体系，以期更加客观具体地展现不同省级行政区间的产业金融发展差异。

4.1　分地区评价指数研究框架

在CIFDI评价系统模型架构基础上，从资金支持度、结构优化度、服务有效度、创新发展度和环境适应度五个维度，构建起针对我国省级行政区产业金融发展特征的指数评价体系。由于31个省级行政区数据公布时间和统计口径存在不一致的情况，经过筛选，本期区域评价系统共选取了20项指标，具体指标说明如表4.1.1所示。

表4.1.1　区域产业金融发展评价体系的指标构成

序号	一级指标	二级指标	指标说明
1	资金支持度	社会融资规模增量	统计口径由中国人民银行公布，数据引用自wind系统，2017年
2		非金融企业及机关团队贷款余额	
3		非金融企业境内股票融资	
4		保费收入	数据引用自各省份2017年统计公报
5		年度私募股权投资规模	数据引用自清科年报，2017年

续表

序号	一级指标	二级指标	指标说明
6	结构优化度	非金融企业境内股票融资占社会融资规模增量比重	统计口径由中国人民银行公布，数据引用自wind系统，2017年
7		境内股票市场非金融类企业市值占比（%）	数据引用自wind系统，2017年
8		保险深度	数据引用自各省份2017年统计公报
9		年度私募股权投资规模与社会融资规模增量之比（%）	各地区年度私募股权投资规模数据引用自清科年报，2017年
10	服务有效度	人民币一般贷款加权平均利率	数据来自各地区2017年区域金融运行报告
11		本地上市公司市值与GDP之比（%）	数据引用自wind系统，2017年
12		每百万人准金融服务机构数	准金融服务机构主要统计了小额贷款、融资租赁、商业保理和典当数量
13	创新发展度	在新三板挂牌的企业数	新三板挂牌公司注册地在所在地区的数量，截至2017年末
14		本地区域股权市场挂牌企业数	2017年末本地区域股权市场中挂牌展示的企业总数
15		私募基金管理规模（实缴）	中国证券投资基金业协会公布的数据，截至2017年末
16		年度并购交易规模	数据引用自清科年报，2017年
17	环境适应度	企业经营环境指数	引用自中国分省企业经营环境指数2017年报告
18		银行机构不良贷款率	数据来自各地区2017年区域金融运行报告，本指标为逆指标
19		政府引导基金管理规模	数据来自投中信息，截至2018年6月
20		每百万人专业中介服务机构数	数据统计口径涵盖会计师事务所、律师事务所和资产评估机构三类中介，截至2018年9月

数据处理和指标赋权方法沿用 CIFDI 评价体系，不再赘述。其中，在各项指标标准化的基准值选择方面，基本原则为：对于正向指标，选用 31 个省份中的最大值作为基准值；对于逆向指标，选用该项指标 31 个省份中的最小值作为基准值。

分地区综合指数得分采用百分制，组成综合指数的各维度分项得分满分为 20 分。

4.2 分地区产业金融发展综合评价

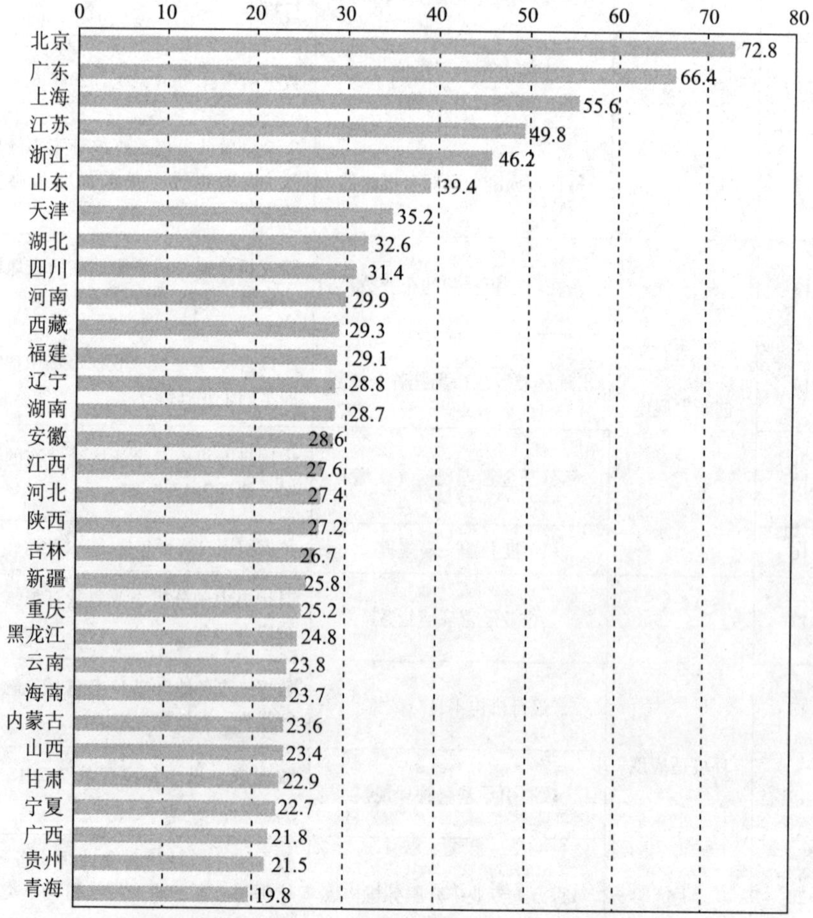

图 4.2.1　中国产业金融发展指数分地区综合评价得分

根据CIFDI分地区指数评价显示，2017年产业金融综合发展水平前十强地区为北京、广东、上海、江苏、浙江、山东、天津、湖北、四川和河南。31个省级行政区中（不含港澳台），得分最高的为北京，72.8分；得分最低的为青海，19.8分，两者相差约2.7倍。

• 从得分地域差异来看，产业金融综合得分与区域经济发展水平有较强的相关性。

• 得分高的地区主要集中在华东、华北、华中等传统经济发达地区，特别是沿海经济带，除福建外，全部进入了综合排名前十强。

• 华中地区得分最高的是湖北，综合得分32.6分，排名全国第8。

• 西南地区得分最高的是四川，综合得分31.4分，排名全国第9。

• 西北地区得分最高的是西藏，由于享有多项特殊的国家支持政策，综合得分达到29.3分，排名全国第11。

• 东北地区得分最高的是辽宁，综合得分28.8分，排名全国第13。

表4.2.1　中国产业金融发展指数分地区评价情况

中国产业金融发展指数分地区评价		资金支持度		结构优化度		服务有效度		创新发展度		环境适应度		综合得分	
		得分	排名	得分	排名	得分	排名	得分	排名	得分	排名	得分	排名
华北	北京	13.48	3	17.62	1	11.35	1	13.35	2	17.01	1	72.80	1
	天津	2.89	17	8.56	24	10.14	3	3.74	8	9.85	6	35.18	7
	河北	5.68	9	9.25	19	4.15	31	1.48	17	6.84	22	27.41	17
	山西	2.82	18	9.67	11	4.56	24	0.48	30	5.91	31	23.44	26
	内蒙古	2.25	24	9.19	20	4.72	22	0.82	23	6.58	27	23.56	25
东北	辽宁	4.30	14	10.39	6	5.21	13	1.92	15	6.96	19	28.77	13
	吉林	2.26	23	12.01	3	5.02	16	0.71	25	6.73	25	26.72	19
	黑龙江	2.49	21	9.26	17	4.44	27	0.60	27	7.99	12	24.78	22
华东	上海	11.49	5	12.69	2	9.52	4	10.92	3	11.00	4	55.61	3
	江苏	13.49	2	9.80	10	5.24	12	7.77	5	13.46	2	49.76	4
	浙江	11.82	4	11.43	4	5.52	8	8.54	4	8.87	10	46.17	5
	安徽	4.70	12	9.31	15	4.70	23	2.73	11	7.17	17	28.60	15
	福建	4.31	13	8.37	25	5.50	10	3.05	10	7.86	13	29.09	12
	江西	2.94	16	7.95	27	4.40	28	2.39	14	9.91	5	27.60	16
	山东	8.93	6	10.48	5	5.02	15	5.95	6	9.03	9	39.40	6

续表

中国产业金融发展指数分地区评价		资金支持度		结构优化度		服务有效度		创新发展度		环境适应度		综合得分	
		得分	排名	得分	排名	得分	排名	得分	排名	得分	排名	得分	排名
华中	河南	5.89	8	9.88	8	4.40	29	2.55	13	7.22	16	29.94	10
	湖北	5.38	10	9.06	21	5.10	14	3.84	7	9.21	8	32.60	8
	湖南	4.93	11	9.45	12	4.31	30	3.21	9	6.78	23	28.68	14
华南	广东	17.06	1	9.43	13	7.81	5	19.03	1	13.06	3	66.38	2
	广西	2.13	26	6.76	31	4.54	26	1.27	19	7.08	18	21.77	29
	海南	0.78	28	8.83	23	5.62	7	1.84	16	6.65	26	23.72	24
西南	重庆	2.77	19	8.20	26	4.87	18	1.26	20	8.10	11	25.20	21
	四川	6.36	7	10.15	7	4.55	25	2.57	12	7.80	14	31.42	9
	贵州	2.14	25	7.28	28	4.75	21	0.48	29	6.90	21	21.55	30
	云南	2.76	20	9.25	18	4.80	19	0.76	24	6.18	29	23.75	23
西北	西藏	0.47	31	7.23	29	11.19	2	0.68	26	9.78	7	29.35	11
	陕西	4.26	15	9.84	9	4.99	17	1.22	21	6.93	20	27.24	18
	甘肃	1.79	27	8.90	22	4.78	20	1.38	18	6.10	30	22.94	27
	青海	0.63	30	7.19	30	5.33	11	0.16	31	6.48	28	19.79	31
	宁夏	0.67	29	9.35	14	5.50	9	0.48	28	6.74	24	22.73	28
	新疆	2.45	22	9.30	16	5.70	6	0.83	22	7.54	15	25.81	20

4.3 分地区资金支持度评价

在资金支持维度，主要从社会融资规模增量、非金融企业及机关团体贷款余额、非金融企业境内股票融资、保费收入和年度私募股权投资规模五项指标来衡量，即从资金总支持、信贷资金支持、证券资金支持、保险资金支持以及民间资本（私募）方面分析中国产业金融区域发展状况。

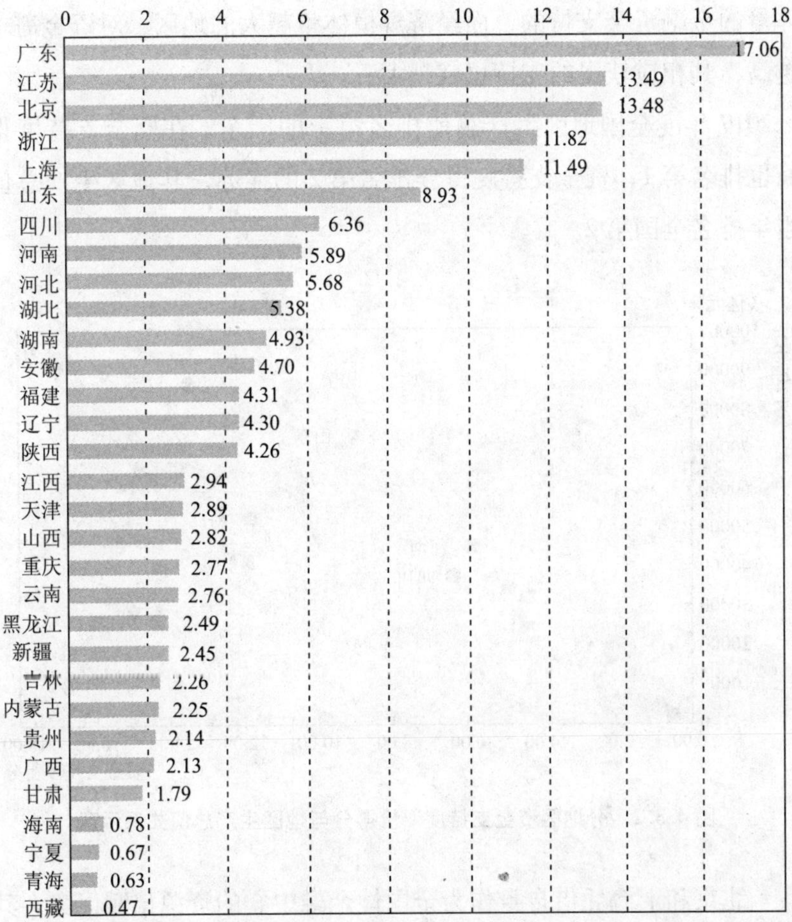

图 4.3.1　中国产业金融发展指数分地区资金支持度评价得分

根据 CIFDI 分地区指数评价显示，2017 年产业金融资金支持度得分前十强地区为广东、江苏、北京、浙江、上海、山东、四川、河南、河北和湖北。31 个省级行政区中（不含港澳台），广东的资金支持度得分最高为 17.06 分，西藏得分最低为 0.47 分，两者相差约 35 倍。

从得分地域差异来看，产业金融资金支持度得分与区域经济发展水平的相关性更强。可以看到，全年社会融资规模增量体量靠前的省市主要分布在我国沿海地区省份以及中部地区，这与我国经济发达地区的地域分布基本上是相吻合的。这也正反映出，实体经济的发展是需要有相应体量的金融资金支持的，而经济规模体量越大的地区，对资金需求水平越高，其相应获得的支持也就越大。

2017 年度全国地区生产总值排名第 1 的广东，在资金支持度得分方面也排名第 1；资金支持度得分排名第 2 的江苏，其地区生产总值亦在当年排名全国第 2。

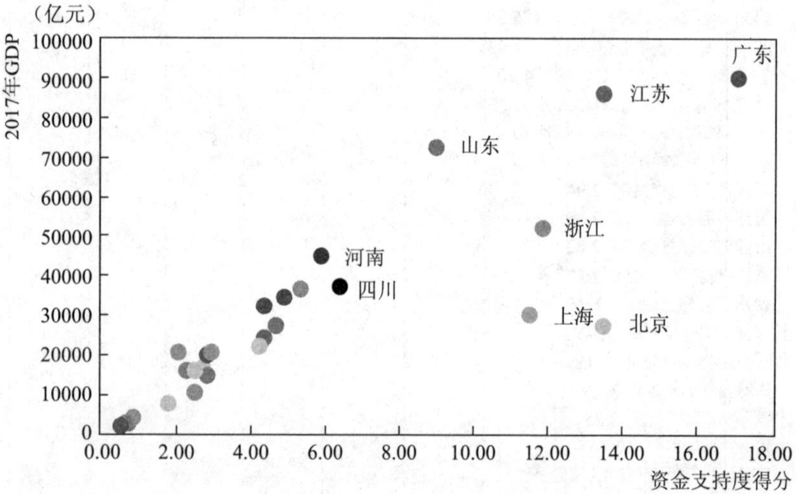

图 4.3.2　分地区资金支持度评价得分与地区生产总值关系示意

• 北京和上海凭借自身作为全国性金融中心的资源禀赋优势，其年度提供的资金支持水平要远超自身地区经济体量所处的地位。

• 相对来说，山西在资金支持度方面的表现（全国第 18）要远优于自身地区生产总值的地位（GDP 排名全国第 24），而广西在资金支持度方面的表现（全国第 26）则要显著低于全国经济地位（GDP 排名全国第 17）。

• 31 个省级行政区中（不含港澳台），全年社会融资规模增量规模最大的前三个省份是广东、江苏和浙江，2017 年三者分别达到了 22091 亿元、15244 亿元和 13331 亿元。

• 对实体企业的信贷支持程度最高的前三个省份是江苏、广东和浙江，其2017年非金融企业及机关团体贷款余额分别达到70909亿元、69520亿元和55912亿元。

表4.3.1 资金支持度排名前十地区的具体指标值

分地区	排名	社会融资规模增量（亿元）	非金融企业及机关团体贷款余额（亿元）	非金融企业境内股票融资（亿元）	保费收入（亿元）	年度私募股权投资规模（亿元）
广东	1	22091	69520	1305	3275	1628
江苏	2	15244	70909	762	3450	482
北京	3	8255	48821	959	1973	4868
浙江	4	13331	55912	1166	1844	653
上海	5	11748	43199	1144	1587	1914
山东	6	8498	47589	582	2341	249
四川	7	7391	33742	207	1939	281
河南	8	6802	25026	251	2020	164
河北	9	8346	28094	170	1714	96
湖北	10	7281	26747	258	1347	243

• 对实体企业的证券资金支持水平最高的前三个省份则是广东、浙江和上海，2017年三者非金融企业的股票融资额均突破了1000亿元，分别达到了1305亿元、1166亿元和1144亿元。

• 绝大多数经济欠发达省份对股票市场这一直接融资渠道的利用水平远远不够。从各地非金融机构2017年的股票市场融资规模来看，排名前五位的地区均为传统的金融中心或制造业强省，其中民营经济较为发达的浙江与广东则超越北京、上海，位居该项指标的前两位。

• 保险业资金支持水平相对较高的前三大省份则是江苏、广东和山东，三者2017年保费收入规模均突破了2000亿元，分别达到了3450亿元、3275亿元和2341亿元。

• 而在民间资本支持方面，北京的表现一枝独秀，2017年私募股权投资规模达到了4868亿元，约占全国总投资规模的40%。除北京之外，上海和广东表现相对优秀，两者年度私募股权投资规模均超过了1500亿元。

4.4 分地区结构优化度评价

在结构优化维度，主要由非金融企业境内股票融资占社会融资规模比重、境内股票市场非金融类企业市值占比、保险深度、年度私募股权投资与社会融资规模之比等4项指标来衡量。

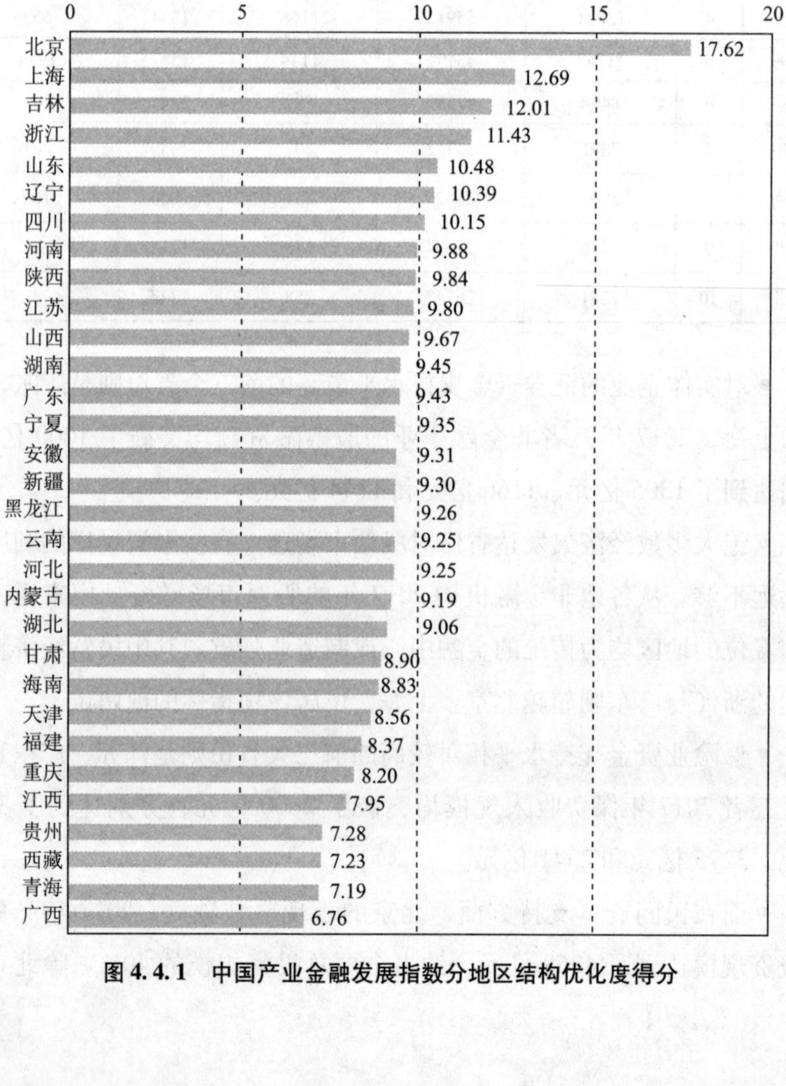

图4.4.1 中国产业金融发展指数分地区结构优化度得分

根据CIFDI分地区指数评价显示，2017年产业金融发展结构优化度得分前十强地区为北京、上海、吉林、浙江、山东、辽宁、四川、河南、陕西和江苏。31个省级行政区中（不含港澳台），北京的结构优化度得分最高，为17.62分；广西得分最低，为6.76分；两者相差1.6倍。

从得分的地域差异来看，产业金融结构优化度得分与区域经济发展水平之间相关性不强。可以看到，部分东北、西北、西南地区的省份表现甚至要优于华东地区的部分省份。前十排名的省份中，有2个来自东北地区，分别是吉林和辽宁，其结构优化度得分分别达到12.01分和10.39分，排名全国第3和第6；华中、西南和西北地区的省份各占1个名额，分别是四川、陕西和河南，分别排名全国第7、第9和第8。

表4.4.1　结构优化度排名前十地区的具体指标值

分地区	分项排名	非金融企业境内股票融资占社会融资规模比重（%）	境内股票市场非金融类企业市值占比（%）	保险深度（%）	年度私募股权投资与社会融资规模之比（%）
北京	1	11.61	52.42	7.05	58.97
上海	2	9.74	67.62	5.27	16.29
吉林	3	9.54	94.93	4.20	2.04
浙江	4	8.75	94.38	3.56	4.90
山东	5	6.85	99.82	3.22	2.93
辽宁	6	5.66	100.00	3.95	1.80
四川	7	2.80	98.09	5.24	3.80
河南	8	3.69	97.96	4.49	2.41
陕西	9	5.40	91.06	3.97	1.69
江苏	10	5.00	90.63	4.02	3.16

从具体指标表现来看，前十来自非东部沿海地区的省份中，结构优化度主要体现在直接融资上的高比例优势和股票市场上产业集团的高比例优势上。以东北地区的吉林为例，其2017年非金融企业境内股票融资占社会融资规模比重达到了9.54%，仅次于北京和上海，而同期上市

公司中产业集团的市值占比则高达94.93%。

• 从直接融资规模对地区经济支持比例来看，直接融资对经济发达地区的支持作用要高于经济欠发达区域。2017年，经济发达地区的直接融资规模与GDP的比值显著要高于中西部欠发达地区，即证券业资金对发达地区支持的力度更大。

• 上海、浙江和福建是该项指标的全国前三甲地区，分别达到了4.96%、4.01%和3.77%。经济发达地区在利用资本市场开展上市筹资的需求和热情明显要更大，开展上市融资的后备企业资源也更丰富。

• 西藏、新疆以及东北地区属于特例现象，以西藏为例，由于享受到了证券行业提供的精准扶贫支持，在利用资本市场获取直接融资方面的便利度要大幅高于其他省市地区。

• 股票市场对实体企业的支持整体较好。从境内股票市场非金融类企业市值占比这项指标来看，尽管近年来金融类上市公司的市值逐步提升，但各地区非金融类企业仍是股票市场主力。

• 在31个省级行政区的境内股票市场上市公司中，非金融类企业的市值占比均非常高，全国整体平均水平达到了76%。而低于全国平均水平的省市只有北京、上海、广东、新疆和福建这5个省、市、自治区。其中，北京、上海、广东和福建由于拥有几家规模庞大的金融类上市公司，拉低了该项指标的指标值。

• 从保险深度的区域差异特征来看，保险在各地区资金支持结构中的作用存在较大的差异，传统经济发达大省的保险深度并没有名列前茅。2017年江苏、广东、浙江、福建、天津等地的保险深度指标均要低于全国平均水平，这意味着这些地区保险资金的支持作用可能会低于全国平均水平。

• 我国保险发展存在较为严重的失衡，全国绝大部分省份保险业的发展水平要落后全国平均水平。2017年我国保险密度为2646元，保险深度为4.42%，但全国仅有保险深度排名前十的地区超过均线，而超过

2/3 的地区保险业发展水平仍落后于全国平均水平。

• 从私募股权投资市场的发展情况来看，发展不平衡的现象十分严重，就私募股权投资规模与社会融资规模增量之比这项指标而言，全国仅有北京、上海、广东、天津四个地区超过全国平均水平。其中，北京一家独大，2017 年私募股权投资规模与社会融资规模增量之比达 58.97%。

4.5　分地区服务有效度评价

在服务效率维度，主要由人民币一般贷款加权平均利率、上市公司市值与 GDP 之比、每百万人准金融服务机构数量等 3 项指标来衡量，即通过评估各地区的融资成本、地区证券化率以及地方金融服务资源充足性等角度来评判。

根据 CIFDI 分地区指数评价显示，2017 年产业金融发展服务有效度得分前十强地区为北京、西藏、天津、上海、广东、新疆、海南、浙江、宁夏和福建。31 个省级行政区中（不含港澳台），北京的服务有效度得分最高为 11.35 分，河北得分最低为 4.15 分，两者相差约 1.7 倍。

可以看到，各地区产业金融在满足实体经济发展的有效性服务方面是显著不足的。31 个省区的服务有效度整体得分偏低（分项满分 20 分），平均得分只有 5.73 分，26 个省区得分低于平均得分，绝大部分省区的产业金融发展水平还无法有效满足区域实体产业的发展需求。

从分项得分的地域差异来看，各地区产业金融服务有效度的表现与经济体量成反比的关系。即经济体量相对较小的西部地区，其实体经济发展的金融服务需求更容易被满足，产业金融服务有效度就相对更高一些；而东部经济发达地区特别是经济体量规模较大的省份，其产业金融服务的需求越大，有效性越难得到满足。西藏、新疆、海南等经济体量小，其产业发展所需的金融服务需求相对小，再加上国家对落后地区的

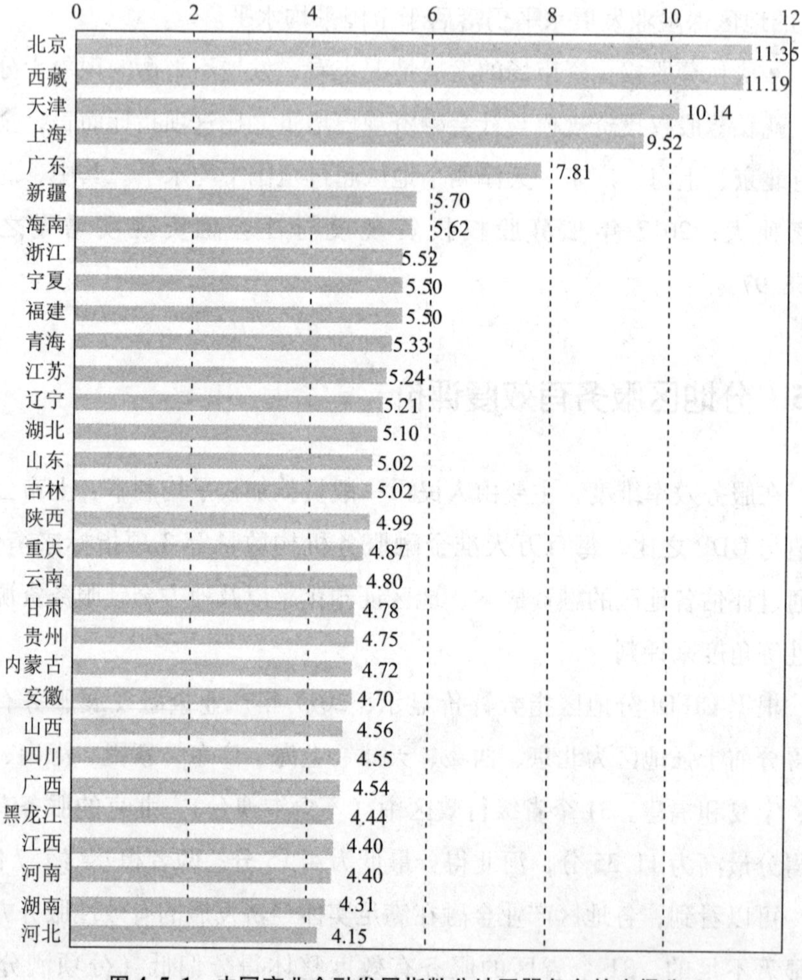

图 4.5.1 中国产业金融发展指数分地区服务有效度得分

政策支持和资源倾斜，其服务有效度相对较高，本期三者分项排名均进入了前十，分别达到全国第 2、第 6 和第 7。四川、河南、湖南、河北则是属于经济体量大而有效服务需求较难得到满足的典型地区，四者均是 2017 年地区生产总值规模排名全国前十的省份，而在产业金融发展的服务有效度上排名则处于全国垫底位置，分别排名全国第 25、第 29、第 30 和第 31 位。

表 4.5.1　服务有效度排名前十地区的具体指标值

分地区	分项排名	人民币一般贷款加权平均利率（%）	上市公司市值与 GDP 之比（%）	每百万人均金融服务机构数量（家）
北京	1	4.85	609.6	48.8
西藏	2	2.39	104.6	11.3
天津	3	4.88	29.6	172.1
上海	4	5.56	187.7	126.7
广东	5	5.85	119.4	94.5
新疆	6	5.56	69.6	28.5
海南	7	5.63	80.9	24.4
浙江	8	5.91	91.4	24.9
宁夏	9	5.75	26.5	38.6
福建	10	5.87	51.8	34.4

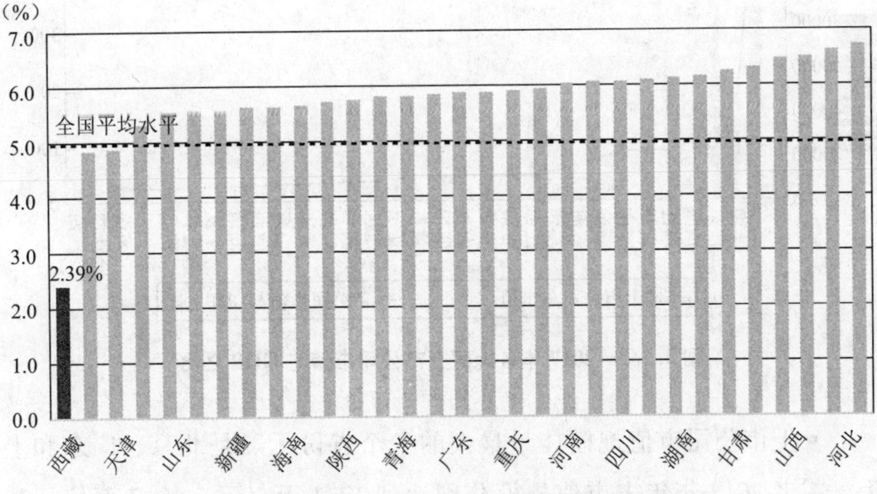

图 4.5.2　2017 年各地区人民币一般贷款加权平均利率

从具体指标表现来看：

•31 个省、市、自治区中，19 个地区的利率水平要高于全国平均水平，其中西北、西南地区除西藏外，资金成本均要高于其他地区。特别是在甘肃、宁夏、内蒙古、河北等经济欠发达地区，金融资源相对有限所导致的资金成本高企现象是普遍存在的。

•尽管国家在不断推进利率市场化，但从实际情况来看，各地区资金的利率基本上被控制在国家法定基准利率较小的幅度内上下小幅波动而已。除西藏地区外，我国各地区企业融资成本差异并不明显，31个省、市、自治区（不含港澳台）2017年的一般贷款加权平均利率基本维持在6%上下。西藏地区属于特例，享有国家规定的低利率政策，平均资金成本要低于国家法定基准利率标准2个百分点。

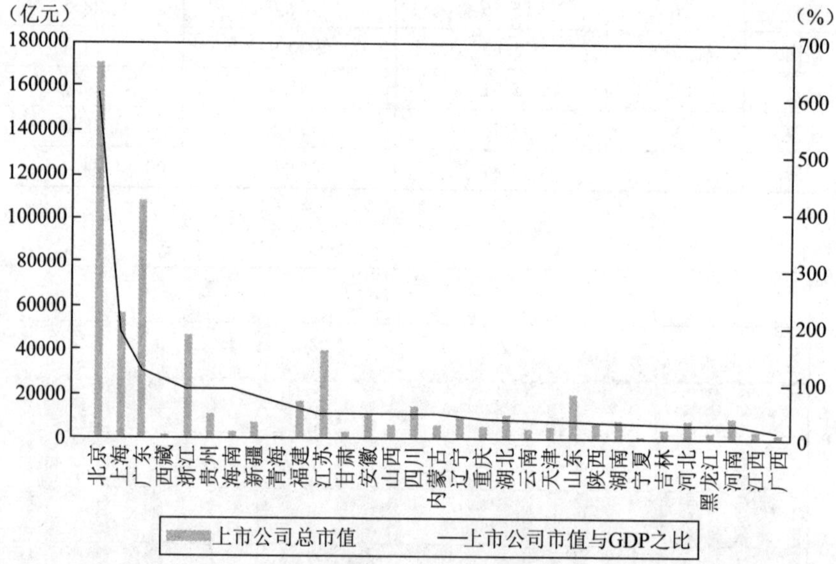

图4.5.3　2017年各地区上市公司市值与GDP之比

•上市公司市值规模体量最大的3个省份无疑是北京、广东和上海，三者2017年年末市值规模分别达到17.1万亿元、10.7万亿元和5.7万亿元，分别是自身2017年GDP的610%、188%、119%。

•尽管西藏的上市公司市值规模仅有1371亿元，排名全国倒数第2，由于自身经济体量更小，其上市公司市值规模与地区GDP比值达到了105%，排名全国第4。而且，考虑到国家对西藏等西部落后地区的金融扶贫政策支持等因素，未来西藏等西部地区该项指标数值可能还会上升。

• 另外值得注意的是，江苏和山东，两者的上市公司市值规模体量较大，但与自身庞大的经济体量相比，显得有点不匹配。

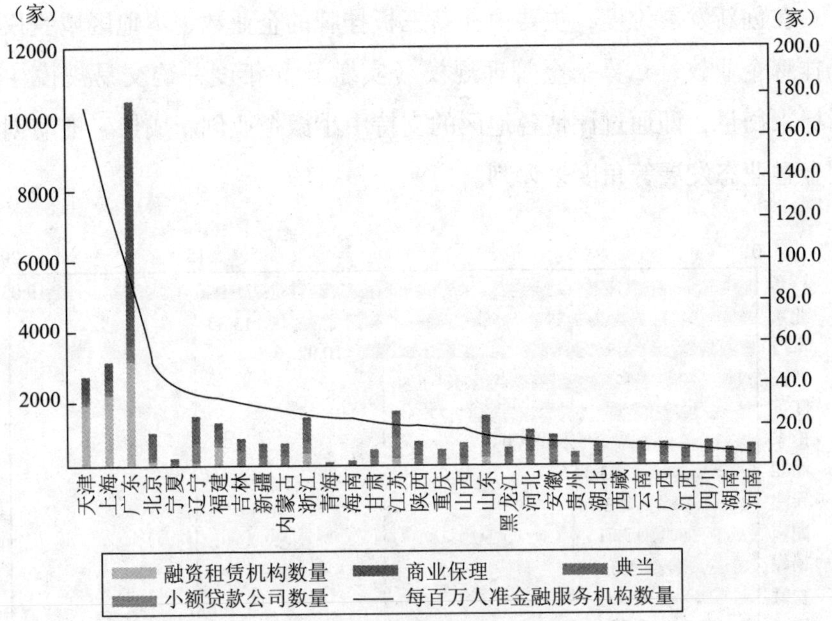

图 4.5.4　2017 年各地区准金融服务机构数量

• 受统计数据可获得因素影响，我们将准金融服务机构的统计范围限定在融资租赁、小额贷款、典当和商业保理这四类机构。

• 单从机构的绝对数来看，广东、上海和天津三者的机构总数无疑是最多的。其中，广东的商业保理公司数量达到了 6179 家，约占全国总量的四分之三；广东的融资租赁数量也达到了 3097 家，约占全国数量的三分之一。

• 浙江、江苏、山东等地区，在准金融服务机构的总量上要优于其他省份，但受自身人口规模相对较大的基数影响，其人均资源并不见增长，反而显得在准金融服务方面的有效性存在不足。

4.6 分地区创新发展度评价

在创新发展维度，主要由在新三板挂牌的企业数、本地区域股权市场挂牌企业数、私募基金管理规模（实缴）和年度并购交易规模4项指标来衡量，即通过评估各地区的支持中小微企业创新成长、推动创新型金融业态发展等角度来评判。

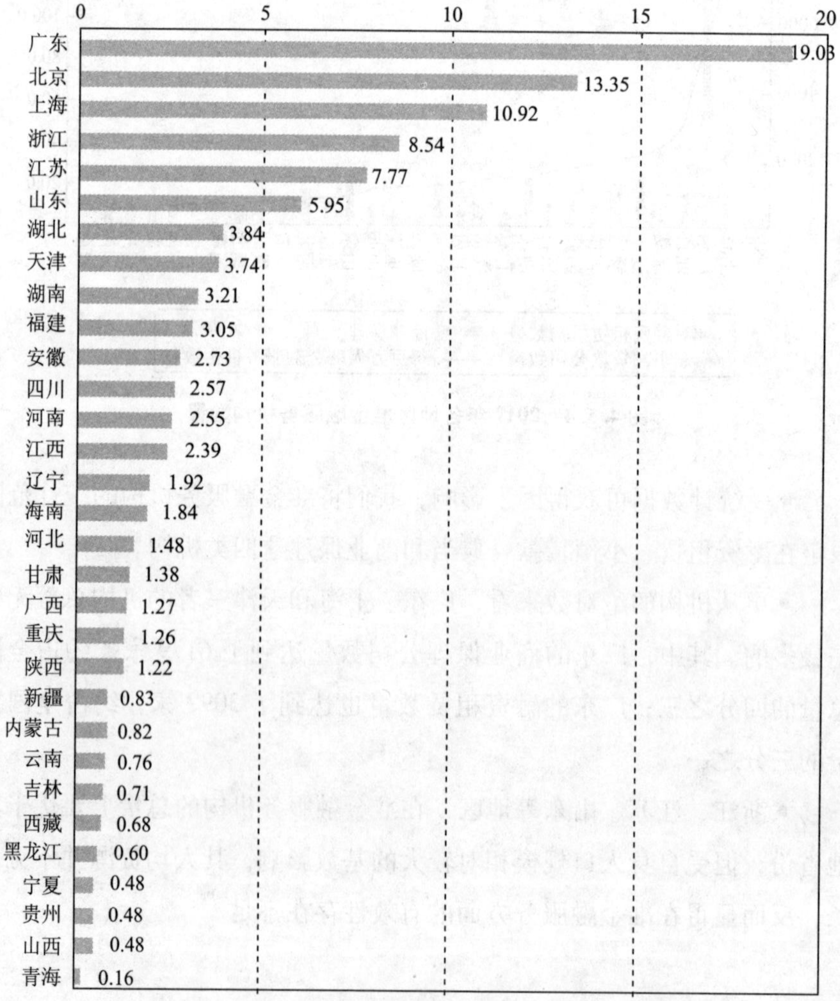

图4.6.1 中国产业金融发展指数分地区创新发展度得分

根据CIFDI分地区指数评价显示，2017年产业金融创新发展度得分前十强地区为广东、北京、上海、浙江、江苏、山东、湖北、天津、湖南和福建。

可以看到，31个省份在创新发展度方面的差异十分巨大，两极分化严重。31个省级行政区中（不含港澳台），广东创新发展度得分最高，为19.03分；青海得分最低，为0.16分，两者相差约118倍。

从分项得分的地域差异来看，产业金融的创新活动和支持主要集中在我国沿海经济发达地区，东北、西部及中部地区省份的产业金融创新发展支持基本可以说忽略不计。

表4.6.1　创新发展度排名前十地区的具体指标值

（单位：家，亿元）

分地区	分项排名	在新三板挂牌的企业数	本地区域股权市场挂牌企业数	私募基金管理规模（实缴）	年度并购交易规模
广东	1	1878	15736	20961	2499.1
北京	2	1617	4896	26011	1245.1
上海	3	990	2171	24860	1405.5
浙江	4	1031	7773	8717	822.9
江苏	5	1390	3571	4771	1006.9
山东	6	635	5078	1568	1169.8
湖北	7	406	4905	911	514.5
天津	8	205	937	5792	890.2
湖南	9	239	3145	482	738.1
福建	10	405	3621	1904	226.6

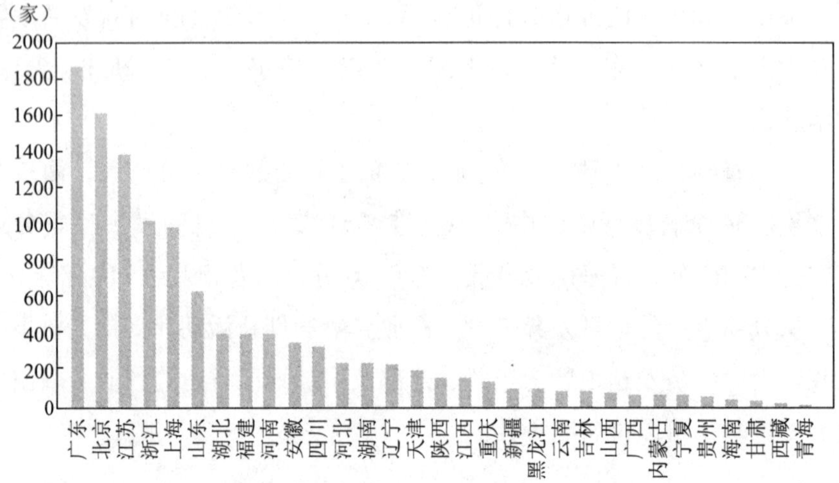

图 4.6.2　各地区截至 2017 年底的新三板挂牌公司数（不含港澳台）

• 上新三板的公司总数与地区经济体量基本上是成正比的关系。截至 2017 年底，来自广东的新三板挂牌公司数最多，达到了 1878 家；其次是北京，达到了 1617 家；第三则是江苏，达到了 1390 家。

• 相对来说，西部地区省份由于经济体量较小，企业整体发展水平和发展质量均明显不足，新三板的挂牌企业数也明显偏少，最少的是青海，只有 5 家挂牌公司。

• 经济发达地区对区域股权市场的重视程度明显要更高一些，区域股权市场挂牌企业数量多的省份基本上分布在沿海经济带和中部地区，与所在区域的经济发达水平相匹配。

• 区域股权市场发展最为领先的是广东省，2017 年底在省内区域股权交易市场挂牌展示的企业共计有 15736 家，数量排名全国第 1。

• 区域股权市场挂牌企业数量排名第 2 和第 3 的分别是浙江和山东，两者分别达到了 7773 家和 5078 家。

• 北京、上海和广东三地在私募基金发展领域大幅领先于全国其他地区，截至 2017 年底，三者的私募基金管理规模（实缴）均超过了 2 万亿元，分别为 2.6 万亿元、2.5 万亿元和 2.1 万亿元。

• 相对来说，西北和东北地区的省份，私募基金发展相对落后，规模均远低于全国平均水平。以西藏为例，其私募基金管理规模全国最小，只有 16 亿元。

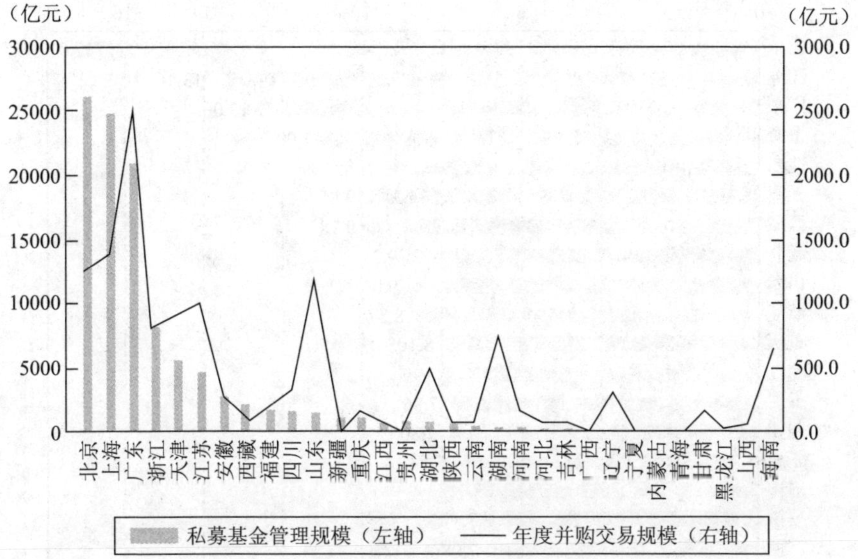

图 4.6.3　各地区私募股权投资发展规模

• 与私募基金发展水平相对应的是，全年并购交易规模相对较大的地区也主要集中在沿海经济带。全年并购交易规模最大的地区是广东，达到 2499.1 亿元；上海、北京、山东和江苏 4 个省份，全年的并购交易规模均突破了千亿元，分列全国前五位。

• 2017 年，随着海外资产收购步伐放缓，国企改革重组、产业转型升级、强强联合所产生的合并需求成为推动并购交易规模增长的主要力量，全年 31 个省市的并购交易总规模为 13474 亿元。

4.7　分地区环境适应度评价

在创新发展维度，主要由企业经营环境指数、银行机构不良贷款率、政府引导基金管理规模、每百万人专业中介服务机构数 4 项指标来衡量，即通过评估各地区的营商环境、风险状况、政府支持力度以及中介配套环境等角度来评判。

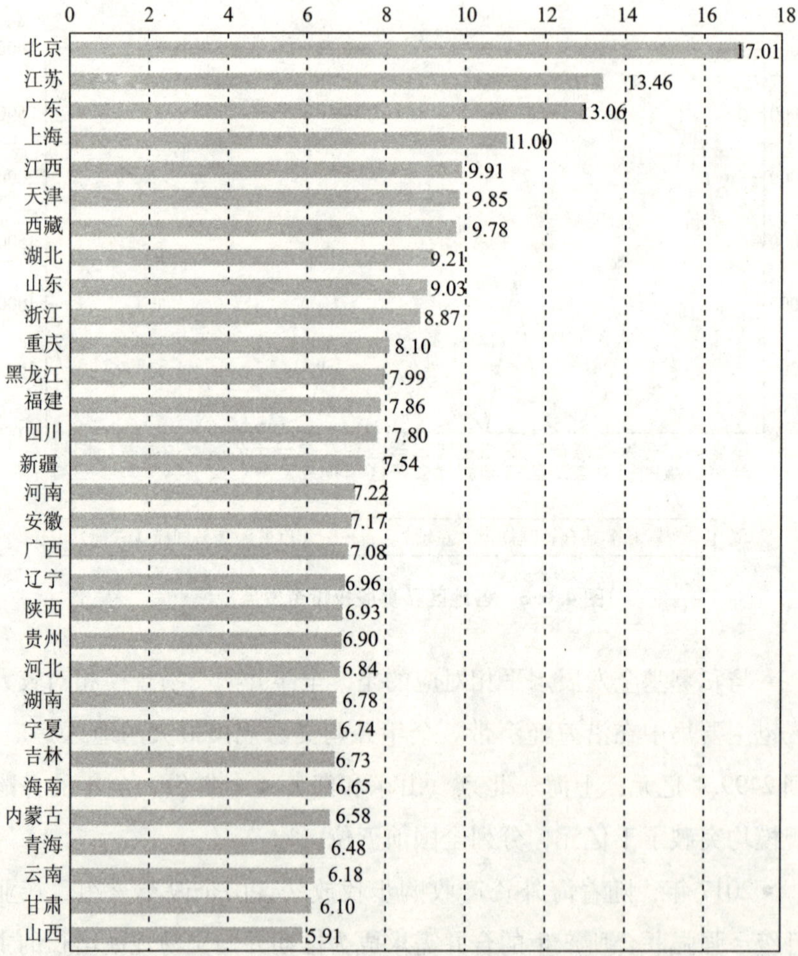

图 4.7.1 中国产业金融发展指数分地区环境适应度得分

根据 CIFDI 分地区指数评价显示，2017 年产业金融环境适应度得分前十强地区为北京、江苏、广东、上海、江西、天津、西藏、湖北、山东和浙江。

可以看到，除北京一枝独秀外，其他30个省份在环境适应度方面的差异并不那么显著，31个省份整体在环境适应度方面均有一定的基础条件。31个省级行政区中（不含港澳台），北京环境适应度得分最高，为17.01分；山西得分最低，为5.91分，两者相差约1.9倍。

从分项得分的地域差异来看，产业金融发展外部环境相对较优的地区依然主要集中在我国东部经济发达地区，东北、西部及部分中部地区省份则表现相对差一些。

表4.7.1 环境适应度排名前十地区的具体指标值

分地区	分项排名	企业经营环境指数	银行机构不良贷款率	政府引导基金管理规模（亿元）	每百万人专业中介服务机构数（家）
北京	1	3.72	0.37	5506	159
江苏	2	3.66	1.25	8819	32
广东	3	3.64	1.68	8502	36
上海	4	3.92	0.57	949	81
江西	5	3.59	2.00	4967	15
天津	6	3.71	1.97	3036	57
西藏	7	3.4	0.33	15	23
湖北	8	3.67	1.56	3215	22
山东	9	3.63	2.56	3310	28
浙江	10	3.84	1.64	1866	37

• 对于分地区的企业经营环境评价，我们直接引用了由国民经济研究所编制发布的《中国分省企业经营环境指数2017年报告》中的评价数据。通过该项指数，可以综合直观地判断不同省份地区的营商环境。

• 根据2017年发布的报告结果显示，企业经营环境相对较优的省份主要分布在沿海经济带、中部地区以及部分北部地区，西部地区的企业经营环境普遍相对偏低一些。企业经营环境最优的是上海，其次是浙江，第三是北京。

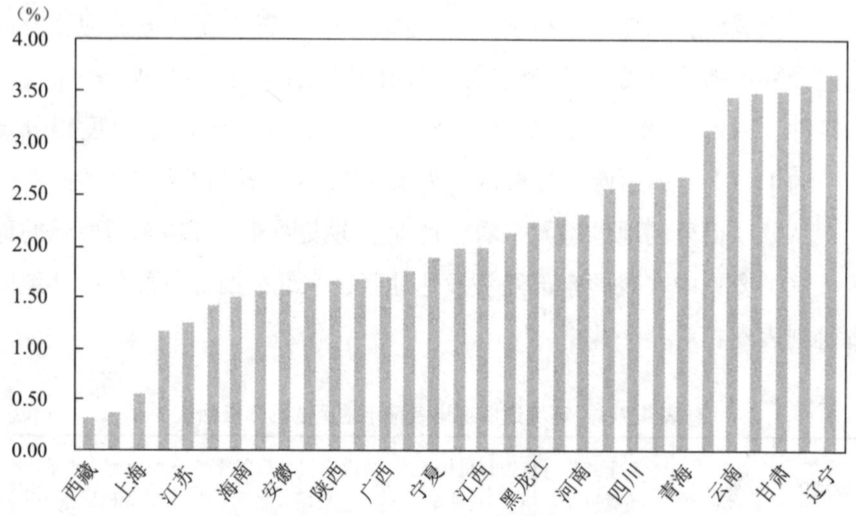

图 4.7.2　分地区银行机构不良贷款率（不含港澳台）

• 根据各地区区域金融运行报告显示，2017 年各地区的银行不良贷款率整体略微上升，31 个省份中有一半左右地区的不良贷款率超过 2%。不良贷款率最高的是辽宁，达到了 3.69%，最低的是西藏，仅有 0.33%。

• 西藏由于整个经济体量小，银行贷款规模整体也小，再加上国家提供的特殊利率优惠政策，使得银行业贷款不良率整体大幅低于全国平均水平，不具有可对比性。

• 除西藏外，北京和上海无疑是地方金融风险防控最为优秀的地区，两者不良率均不足 1%，分别只有 0.37%和 0.57%。

• 对于产业金融发展来说，地方政府的发展引导支持非常重要。为此，近年来各地政府相继设立了大量的产业引导基金，产业引导基金的管理规模连年上升。

• 根据投中研究院发布的数据显示，截至 2018 年 6 月，全国 31 个省区中，政府引导基金管理规模（实到）最大的是江苏，达到了 8819 亿元；其次是广东，达到了 8502 亿元。排名前 10 的省份中，北京、江西、山东、湖北和天津的引导基金管理规模均突破了3000亿元。不过，这离各地方政府目标设定的规模还有一定距离，未来可以预见到，各地方政府的引导基金管理规模还将持续上升。

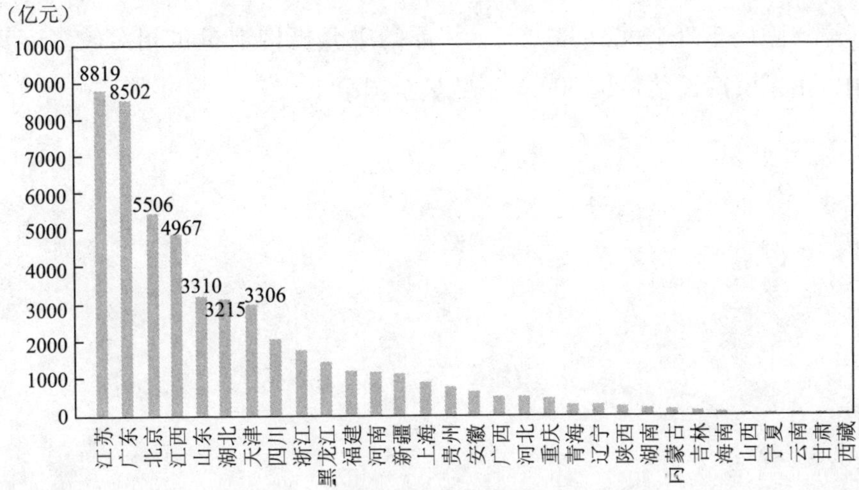

图4.7.3　分地区政府引导基金管理规模（不含港澳台）

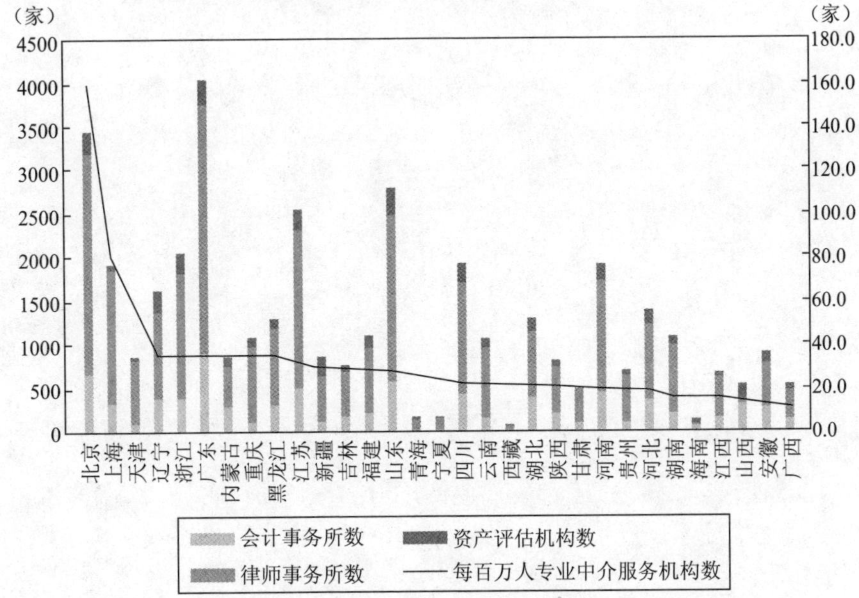

图4.7.4　分地区专业中介服务机构数量（不含港澳台）

• 专业中介机构主要计算了会计师事务所、律师事务所和资产评估机构的数量。传统经济发达地区的专业中介服务机构总量也要更多一些，按照截至 2018 年 9 月的数据显示，专业中介机构总量最多的是广东，共有 4074 家，其中律师事务所数量 2904 家，全国第 1。

• 除广东外，北京、山东、江苏的中介机构数量也相对较多。其中，山东资产评估机构 309 家，数量全国第 1。

中篇

国际经验篇

第 5 章　英国产业金融发展实践

英国作为市场经济体制较为完善的发达国家，其产业金融的发展模式充分发挥了市场的支配力量，并通过政府的综合布局与支持不断完善与演变。综合来看，英国产业金融发展体现在两方面，一是通过完善的金融市场体系为产业及企业的发展提供源源不断的资金支持；二是通过金融资本与优势产业资本的融合巩固产业的全球地位。

5.1 商业银行：以“商业成长基金（BGF）”探索商业银行产业投资

2008 年全球金融危机后，英国商业银行普遍缩减贷款资产规模，贷款主要投放具有优质抵押品和投资经营更为谨慎的公司，众多具有良好市场前景但缺乏有效抵押物的中小企业面临严峻的融资困境。

5.1.1 BGF 设立背景

为帮助英国中小企业走出困境，振兴产业及实体经济，2011 年，由英国银行家协会（BBA）及巴克莱（Barclays）、汇丰（HSBC）、劳埃德（Lloyds）、苏格兰皇家银行（RBS）、渣打（Standard Chartered）等英国主要银行共同出资并成立了英国“商业成长基金（Business Growth Fund，BGF）”，委托汇丰银行牵头项目实施。BGF 在全英国设有 13 家办事机构，通过专业化信息网站接受投资申请，为高成长企业提供 100 万英镑到 1000 万英镑不等的投资资金，弥补初创融资和主流风投基金之间的市场空白。

5.1.2 BGF 分类及投资方向

BGF 根据投资企业不同的成长阶段，分为 BGF 创业投、BGF 成长投及 BGF 上市投三类投资。其中，BGF 创业投主要投资于高成长性企业初创期，为企业提供 100 万～600 万英镑的股权投资，为保持企业的独立性，投资占股通常为 10%～20%，在企业拥有一个董事会席位，为企业提供专业指导；BGF 成长投主要投资于具有良好发展前景的中小企业，提供 200 万～1000 万英镑的股权投资，占股比例为 10%～40%，通过拥有一个董事会席位，提供专业的发展指导；BGF 上市投主要投资于已经在 AIM 上市的优秀企业，为了尽可能减少对企业原有股东的股权稀释，BGF 上市投以“股权+债券”形式进行组合投资。

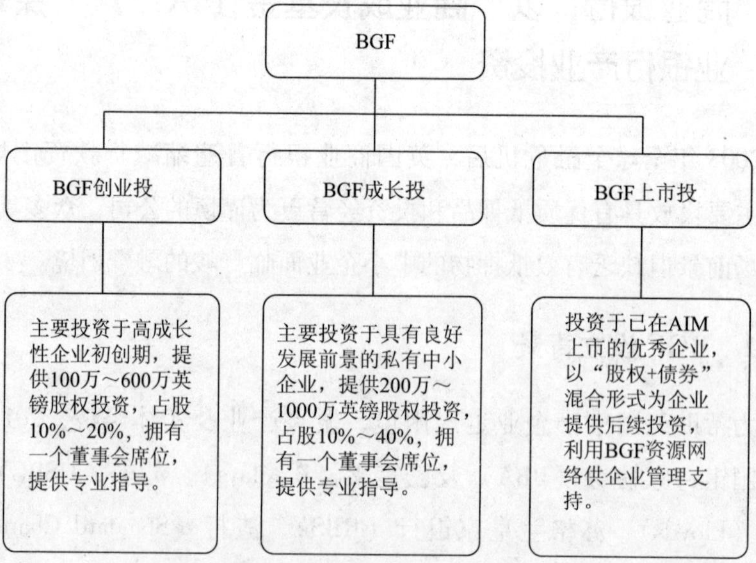

图 5.1.1　英国商业成长基金（BGF）分类图

截至 2018 年初，BGF 已向 220 家公司投资超过 14 亿英镑，成为英国最活跃的成长型投资机构。BGF 的投资领域包括商业及专业服务业、建筑及基础设施行业、能源、教育及医疗、制造及工程行业、消费零售业、科技、媒体等，支持了相关领域各类企业的迅速成长，为英国产业振兴及就业发挥了重要作用。

5.1.3　BGF运作模式

从BGF的运作模式上看，BGF独立于控股股东，有150多名员工，主要由各行业领域的专业人士和投资专家组成。BGF的董事会负责监督机构整体的策略和董事（包括银行股东代表、独立董事、首席执行官以及财务总监），机构设有风险、审计、薪酬和投资委员会。投资委员会由机构管理高层和独立董事组成，主要职责是对每一个投资项目做出决定以及避免利益冲突。从项目来源来看，BGF投资项目很大一部分来自银行的介绍，也有一部分通过投资顾问、会计师和律师的介绍，现在越来越多的公司直接找到BGF来寻求投资。

5.1.4　BGF投资模式

在投资模式上，BGF只投少数股权，占股比例在10%到40%之间，被投资公司拥有较高的独立决策权，只有一些重大决策（并购、重要投资等）需要经BGF的批准。BGF注重于企业长期投资，并根据企业发展情况进行后续资金追加，投资方式不限于股权投资，也包括无抵押债券等形式。除了为企业提供投资，BGF还利用已投企业的网络资源为投资企业提供各类商业对接和人才服务。

5.2　资本市场：以多层次市场机制保障产业及企业融资需求

英国建立了层次分明、功能完备的资本市场体系，并不断调整市场结构体系，以适应新的经济环境和市场需求。英国资本市场以伦敦证券交易所为代表，包含三大主要市场：主板市场（Main Market）、高增长市场（Alternative Investment Market，AIM）、专业证券市场（Professional Securities Market，PSM）。其中，主板市场和高增长市场服务产业和企业，专业证券市场是个性化的融资市场，发行人可以发行特殊债券或存托凭证（DR）给专业投资者。

5.2.1 主板市场

主板市场（Main Market）建立于1698年，有着全球认可的监管和公司治理标准，主要服务于实力雄厚、规模巨大的国际一流企业。为顺应国家经济发展和产业升级要求，主板市场于1999年设立了科技板块——techMARK，就是为了满足创新企业的独特要求而开辟的。2011年，主板市场又推出医药科技企业板块（techMARK medisicience），聚焦于药品研发和制造的创新型企业及与健康产业有关的企业。此外，科技板块企业还被纳入三个FTSEtechMARK指数，以提升企业透明度和声誉，增加股票流动性和其与同类企业的可比性。

通过市场分层，英国吸引和集聚了大量社会资本不断进入相关产业领域，促进资本与产业循环互动，加快了支柱性、先导性产业的发展，奠定了英国科技新兴产业在国际市场的地位，是推动产融结合、促进经济结构调整和服务实体经济发展的重要举措。截至2018年5月底，共有来自约60个国家1160家公司在伦敦证交所主板市场上市和交易，总市值达4.1万亿英镑，支持的行业包括原材料、消费品、消费服务、金融、医疗保险、工业、石油天然气、科技、电讯、公共事业等，其中金融业、工业、石油天然气等行业是主板市场主要支持的行业。

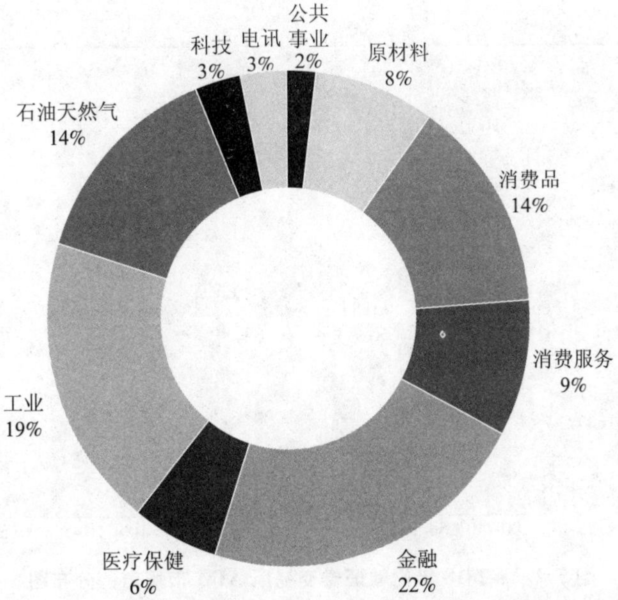

图 5.2.1　2018 年伦敦证券交易所主板市场上市公司市值行业分布

数据来源：伦敦证券交易所集团（截至 2018 年 5 月底）

5.2.2　高增长市场

高增长市场（AIM）是伦敦证券交易所专门为规模较小的成长型公司提供的市场，于 1995 年设立，目前服务行业超过 40 个，为 100 多个国家 3000 多家公司提供上市融资服务，筹资总额超过 700 亿英镑。与主板市场不同，AIM 市场对公司的上市标准要求相对较低，例如，AIM 市场不设最低市值要求，不需要经营年限的记录要求，同时也没有规定公众持股量，在公司开展收购或出售等交易时无须股东事先批准，大多数上市文件无须经过交易所或英国上市管理署（UKLA）事先审查，不过公司上市要求保荐人全程参与。由于上市门槛并不高，因此 AIM 吸引了大量规模较小的公司挂牌上市，其中市值 2 亿英镑以下的公司占了八成以上，许多公司通过在 AIM 上市后成长为各领域的独角兽企业。

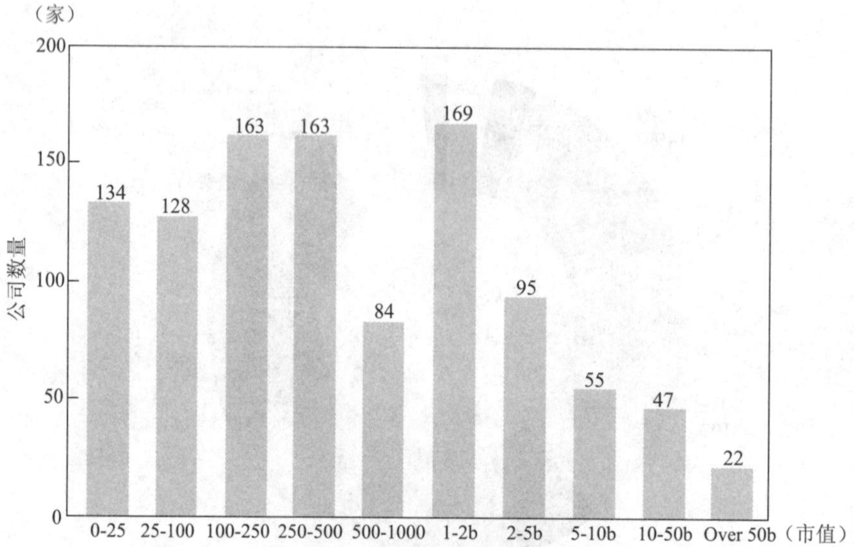

图 5.2.2　2018 年伦敦证券交易所 AIM 市场市值分布图

数据来源：伦敦证券交易所集团（截至 2018 年 5 月底）

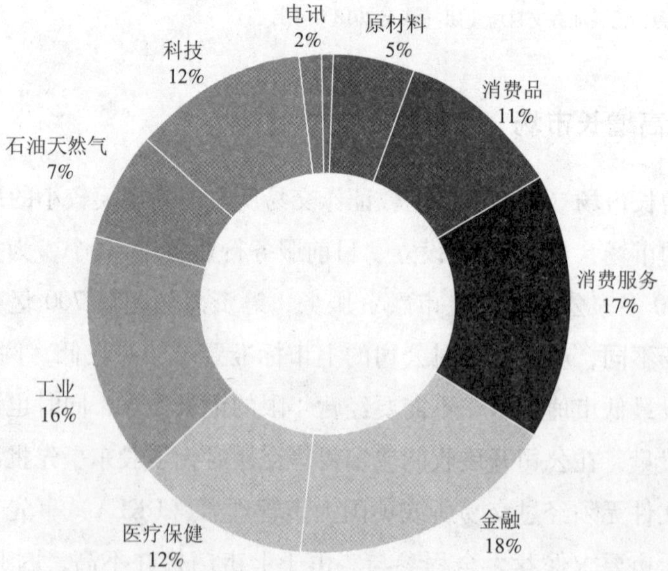

图 5.2.3　2018 年伦敦证券交易所 AIM 市场上市公司市值行业分布

数据来源：伦敦证券交易所集团（截至 2018 年 5 月）

AIM提供了一个稳健成熟的平台，以便企业通过上市时的首次公开发行和再融资筹集发展所需的资金。自启动以来，AIM共筹资超过700亿英镑，其中一半是公司上市时所筹集的新资本，另一半则是公司上市后的追加筹资。这表明AIM的上市公司能够接触到数量庞大且接受能力强的伦敦投资者群体。因此，AIM与私募股权一起，已成为全球风险资本"筹资阶梯"中的重要一环，从而为创新、创业和就业提供了强有力的支持。从支持的产业来看，AIM对金融、消费服务、工业、科技、医疗保健的支持力度较大。

5.3　股权投资：打造政策性与市场性联动投资机制

英国拥有发达的创业资本和私募股权投资市场，为本国及欧洲其他国家产业发展提供了强大的资金支持，覆盖了从原材料工业到消费者服务的各个领域，尤其为信息技术、生命科学等新兴科技型产业中的创新型企业提供了重要的融资支持。英国创业投资及私募股权投资体系既包括以政府为主导的创业投资基金，也包括以科研院所及企业为主导的私募股权投资。

5.3.1　企业资本基金（Enterprise Capital Funds）

英国政府推出了各类独具特色的政府性创业投资基金，以促进创新型企业早期股权融资。其中，企业资本基金是具有代表性的政府创业投资基金（ECF），该基金于2005年设立，由英国商业、创新及技术部负责。2014年，对ECF的管理转移至英国国有银行——英国商业银行（British Business Bank）的全资子公司商业金融有限公司（British Business Finance Limited，BBFL）进行。

ECF的投资对象为中小企业，其设立目的在于通过政府引导及私人部门的积极参与，切实解决初创企业股权融资缺口问题，支持中小企业高速成长，为英国科技等支柱产业提供源源不断的动力，同时，通过ECF的运作培育一批优秀的基金经理，积累行业经验和投资信誉。

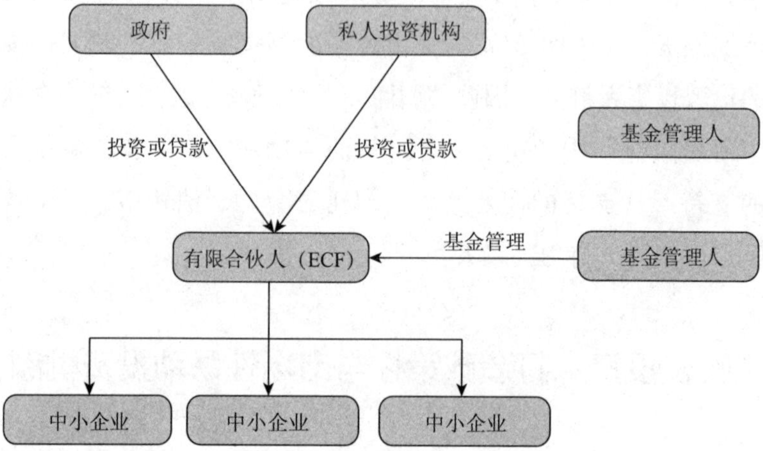

图 5.3.1　英国 ECF 运作结构

在基金管理方面，政府对 ECF 的投资活动不作干预，完全按照商业方式运作。值得注意的是，由于 ECF 属于政府出资的投资基金，必须符合欧盟委员会竞争总署对投资上限的要求，即对每一家被投资企业的投资规模不得超过 200 万英镑（目前已提升至 500 万英镑），可投资的行业同样也受欧盟委员会相关规定的限制。在出资形式方面，每只 ECF 子基金由 BBFL 最多出资 2/3，其余为私人投资者出资。在收益分配方面，ECF 对政府出资部分采取了固定收益模式，回报率设为 3%，这种收益模式使得项目前期收益中的较大部分用于支付政府固定收益要求，后期随着收益不断增长，大部分成为私人投资回报；如果投资产生损失，政府和私人将按出资比例分担。

5.3.2　苏格兰联合投资基金（Scottish Co-Investment Fund）

苏格兰政府为促进中小企业融资，针对企业发展不同阶段的不同需求，设立了一系列政府投资基金，其中以苏格兰联合投资基金（SCF）

为典型。苏格兰联合投资基金由苏格兰企业局（Scottish Enterprise）通过其下属机构苏格兰投资银行（Scottish Investment Bank，SIB）募集，并联合欧洲地区发展基金（ERDF）共同设立，设立时的资金总额为4800万英镑。

在运作模式上，苏格兰联合投资基金自身不进行项目筛选和尽职调查，而是由其选定的合作伙伴（私人投资者）来承担该职责（基金做合规性审查），并按其投出资金的2.5%~3.5%向合作伙伴支付管理费。

基金与其合作伙伴按同等条件和不高于1∶1的比例对目标企业进行联合投资。基金设有独立账户管理其资金，在确定投资时再向被投资企业拨付资金。同时，基金与被投资企业单独签署投资协议，并有权对被投资企业进行监管并在董事会中占有一个观察员席位。

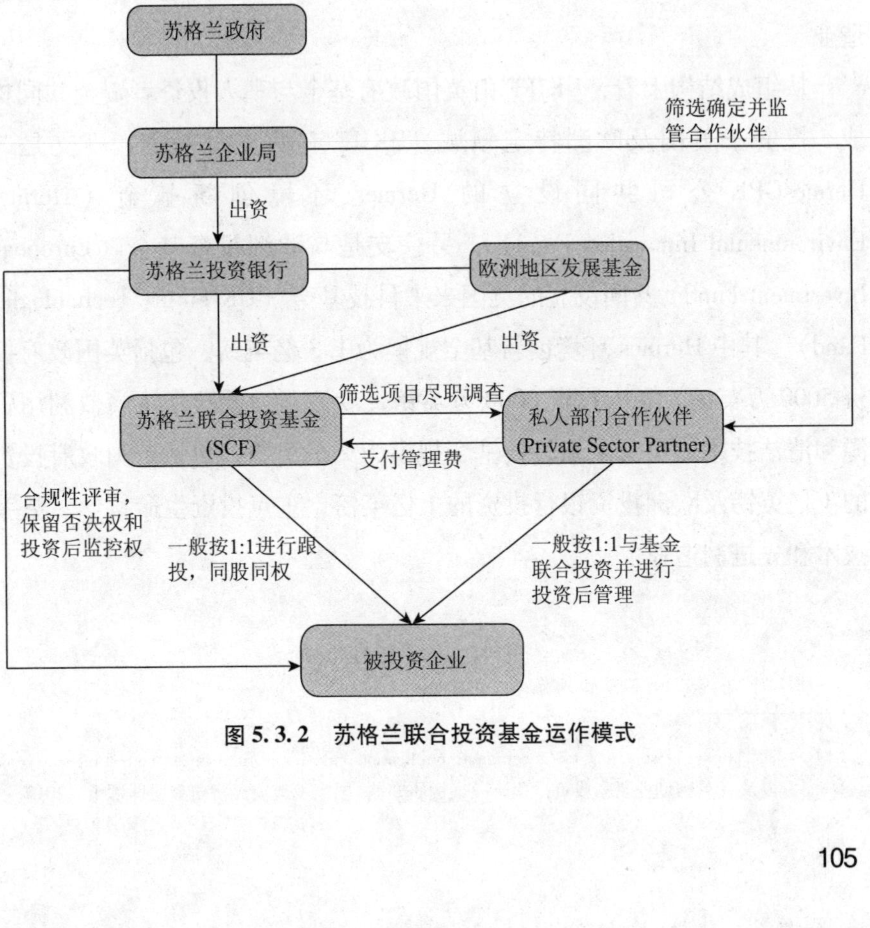

图5.3.2　苏格兰联合投资基金运作模式

从运作绩效来看，2012 年至 2013 年，SCF 共带动 8250 万英镑投资，其中苏格兰投资银行投资的金额达到 3950 万英镑，合作伙伴报告称 SCF 的投入使得他们的投资成交数量显著增加，并且吸引了其他社会资本的关注，因此能提升未来单个项目的可融资额。

5.3.3 英国创新投资基金（UK Innovation Investment Fund）[①]

英国创新投资基金（UKIIF）是英国政府于 2009 年 6 月成立的风险投资基金，旨在通过投资有重大增长机会的创新型企业，推动经济增长，创造高技能就业岗位。UKIIF 最早是以政府 1.5 亿英镑为基础成立的创业投资母基金，目的是为吸引更多私人资金参与创业投资，力争在 10 年内建立成一个 10 亿英镑规模的基金。UKIIF 的主要投资领域集中在战略性新兴产业，包括数字技术、生命科学、清洁技术和先进制造业。

从组成结构上看，UKIFF 由英国政府基金与私人投资者资金共同构成，投资于英国及欧洲特定领域。UKIIF 有两支母基金，一支是与 HermesGPE 公司共同设立的 Hermes 环境创新基金（Hermes Environmental Innovation Fund），另一支是与欧洲投资基金（European Investment Fund）共同设立的英国未来科技基金（UK Future Technologies Fund）。其中 Hermes 环境创新基金规模为 1.3 亿英镑，包括英国政府投资 5000 万英镑，私人投资 8000 万英镑，专注于为低碳经济高效利用资源和清洁技术。英国未来科技基金规模为 2 亿英镑，包括英国政府投资的 1 亿英镑及欧洲投资银行投资的 1 亿英镑，重点投资生命科学、数字技术和先进制造业。

---

① 参考 https：//www. gov. uk/government/publications/uk-innovation-investment-fund-early-assessment，以及《英国创业资本投资早期阶段案例研究》，国家发改委经济研究所课题组，2013。

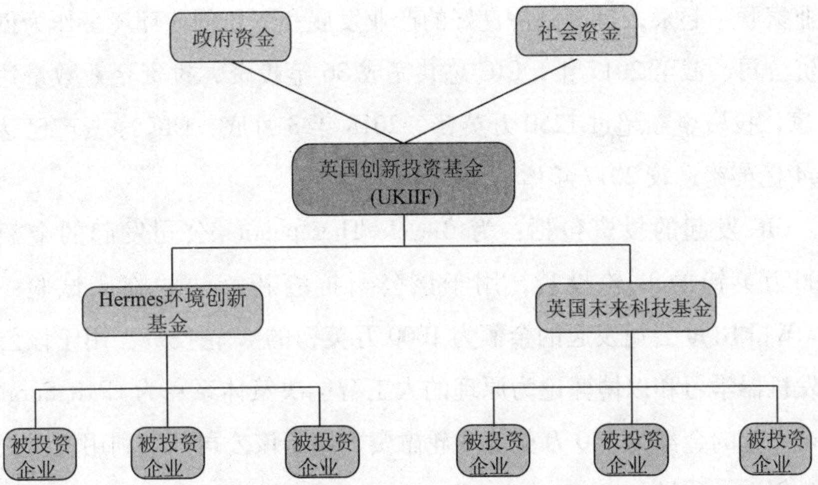

图 5.3.3　UKIIF 运作结构示意

通过“母基金”的形式，UKIIF 鼓励了更多投资者参与股权投资，包括金融机构、企业投资者、银行、其他政府基金、高净值人群等，提升了投资杠杆并推动了投资多元化，2013 年 UKIIF 的总体杠杆水平约为 20 倍。UKIIF 在回报模式上与 ECF 有所不同，基金的收益和损失在政府出资和私人出资间均按照出资比例分配，这种做法意味着 UKIIF 不具有政府补助私人部门的性质，因此 UKIIF 在很多方面不受欧盟委员会规定的限制，与 ECF 相比拥有更大的灵活性。

5.3.4　剑桥创新资本公司（Cambridge Innovation Capital）

依靠高等院校设立创业投资公司，并推动高校技术转移和科技领域发展，也是英国创业投资的一个重要特点。剑桥创新资本公司（CIC）于 2013 年创立，与剑桥大学的商业化部门——剑桥企业集团（Cambridge Enterprise）建立了非常深厚的行业联系，通过剑桥大学及剑桥产业集群培育具有丰富知识产权的行业领先企业。

CIC 的主要业务集中在医疗科技领域，剑桥大学的技术转移转化是 CIC 投资的首选项目，同时，CIC 将创新技术、高级专业人才和丰富的企业家联系起来，打造剑桥良好的产业发展和创新创业环境。作为创业投资公司，截至 2017 年，CIC 总共完成 36 笔投资，投资企业数量达到 22 家，投资金额超过 1250 万英镑。2018 年 3 月底，CIC 净资产已达到 1.44 亿英镑，较 2017 年增长 14%。

CIC 发起的投资包括：为 Bicycle Therapeutics 公司发起的金额为 4000 万英镑的 B 轮投资，用于该公司抗癌新疗法的临床试验；为 PROWLER.io 公司发起的金额为 1000 万英镑的 A 轮投资，用于该公司开发机器学习和以博弈论为原理的人工智能决策体系；为 CMR Surgical 公司发起的金额为 440 万英镑 B 轮融资，用于该公司开发利用机器人进行微创手术项目。

5.4 金融科技：金融创新与监管科技的良性互动

英国是全球金融科技产业的倡导者与引领者，政府将金融科技发展纳入国家战略，给予资金、政策及监管等多方面扶持，使金融科技从早期颠覆性的源泉发展为独具特色的新兴产业。2016 年，英国金融科技产业收入已超过 66 亿英镑，全球近四分之一的金融科技独角兽位于英国。

5.4.1 实施“金融科技中心（FintechHubs）”计划

早在 2008 年，英国就提出将伦敦打造为全球金融科技之都，为此，英国政府率先在伦敦实施“金融科技中心（FintechHubs）”计划，即通过金融科技人才培育、资本投入及相关基础设施建设，大力发展金融科技孵化器、加速器，确立英国金融科技全球领先地位。

首先，大力吸引和培养金融科技人才。为吸引全球金融科技人才及企业家，英国于 2015 年实施了“国家科技人才签证计划（TechNation-VisaScheme）”，对在英国七个“北方数字商业中心”城市的企业提交的专业技术专家、企业家、学者和初创企业员工签证，以及海外科技创新团队（不超过5人），实施快速申请程序。同时，英国还启动了金融科技人才储备计划，包括将“科学、技术、工程、数学（STEM）”教育纳入国家创新教育工程，在高等院校设立与金融技术相关的课程和研究计划等。

其次，加大对金融科技的资本支持，包括为金融科技企业提供专门贷款、种子基金、成长基金、上市基金等。英国建立了中央政府级别的企业资本扶持计划，包括通过英国国有银行——英国商业银行（BBB）为初创企业贷款（Start-uploan）；通过英国商业银行（BBB）向初创企业提供1亿英镑规模的天使投资；由TechCity公司为50家金融科技公司提供股权投资，以政府创业投资和私人股权投资为金融科技公司提供IPO、并购及全球业务扩张提供支持。

5.4.2 全球率先推出“监管沙盒”模式

金融科技的快速发展有效拓宽了金融可获得性，提高了金融体系的深度和效率，成为金融业务创新的重要模式。但金融科技创新的开放性、互联互通性及高科技含量特性使得金融风险更加隐蔽，潜在的系统性、周期性风险也更加复杂。为达到鼓励金融创新的同时有推动金融风险的防范，英国金融行为监管局（FCA）于2016年正式推出“监管沙盒”方案。

“沙盒”（Sandbox）原为计算机行业术语，用以描述新开发软件在可控范围内的测试。其运行模式是为新程序创造一个相对封闭但又符合现实条件的实验环境，在满足测试程序工作的前提下，避免意外情况对真实系统和数据产生负面影响。英国金融监管部门将“沙盒”理念运用到创新金融的测试监管中，最终形成“监管沙盒”（Regulatory Sandbox）。在“监管沙盒”框架内，金融机构或金融科技企业按审批程序提交申请，在一定时间和范围内测试新型金融产品。对顺利通过测试的项目，即使达不到现行法律法规的要求，监管部门也可对申请机构授权，使其在更大范围推广；对未能达到预期效果的项目，监管部门则有权停止测试。

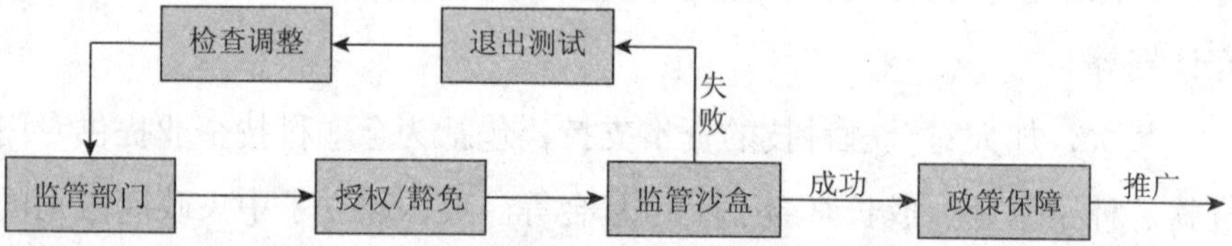

图 5.4.1　英国"监管沙盒"运作模式

在具体运作过程中，金融企业首先需要向英国金融行为监管局（FCA）提交符合"监管沙盒"规则的创新方案申请，FCA 将对企业申请进行评估，如审核通过，将与企业协商确定测试方案，并给该企业安排一名联络人，表明申请企业已经拿到"监管沙盒"测试资格，可以开始测试。在测试过程中，FCA 对于企业产品和服务测试产生的后果不会进行处罚，只有当产品和服务存在问题并发生风险损失时，FCA 才会终止沙盒测试。在完成项目测试后，该企业还需向 FCA 提供最终测试报告，测试报告审核通过后，企业就可以决定是否将其产品和服务进一步推向市场。

截至 2017 年 10 月，在"监管沙盒"实施一年多的时间内，FCA 共开展两批次项目测试，共收到 146 家公司的"监管沙盒"项目申请，超过 75%的企业成功完成测试，FCA 支持了其中 50 家公司测试项目的设计、实施、监管和推广，有力地推动了英国金融科技创新的发展，同时也有效地防范了金融创新所带来的风险。

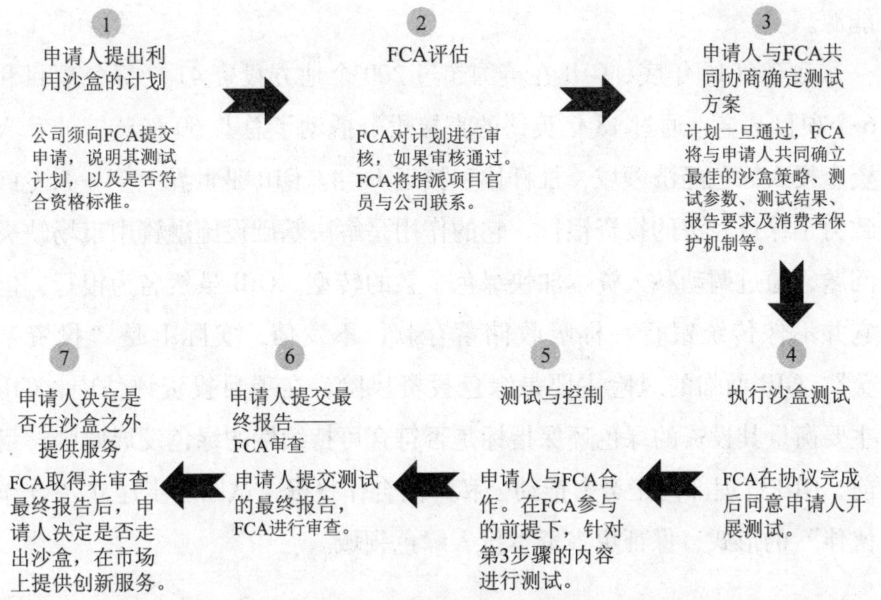

图 5.4.2　英国“监管沙盒”项目的运作流程

5.5　绿色金融：打造全球绿色金融中心

在全球气候变暖、环境趋于恶化的背景下，英国较早提出将绿色金融作为促进经济可持续发展的一种创新型金融模式。英国进行绿色金融实践已久，在构建绿色金融体系、丰富绿色金融产品种类方面积累了丰富经验。

5.5.1　设立绿色金融专业机构

英国在推动绿色金融发展过程中注重机构创新，2012 年，英国政府全资设立英国绿色投资银行（GIB），该银行也成为世界上第一家专业从事绿色金融的政策性银行。GIB 资金最初全部来源于政府注资，2015 年 GIB 获得了对外借款融资的许可。GIB 投资形式包括股权、债权和担保，但不包括软贷款和补贴。GIB 将 80%以上的资金投资于四大优先领域，即海上风电、废物和生物能源、提高能效以及社区可再生能源。

截至 2016 年底，GIB 在英国超过 200 个地方投资 41 个绿色项目和 6 个项目基金，通过 18 亿英镑的直接投资撬动了总共 60 亿英镑的私人资金投入绿色经济领域，杠杆比率接近 1∶4。GIB 是世界上第一家专门致力于绿色经济的投资银行，它的作用是解决基础设施融资中市场缺失问题，通过调动私人资本加快绿色金融的转型。GIB 虽然名为银行，但它并不像传统银行一样吸收储蓄存款，不发债，实际上是“投资基金”。GIB 面临的风险主要是绿色投资风险，在项目投资评估中，GIB 主要衡量其投资的绿色环保指标是否符合可持续性的绿色发展原则。目前，GIB 管理部门正努力推动公私部门合作投资，试图逐步建立“合作伙伴”的形式，保证更多资本投入绿色领域。

5.5.2 依靠伦敦证交所发行绿色金融债券

作为全球金融中心，伦敦在推动绿色金融发展方面也具备强大的优势，其中伦敦证券交易所在承担绿色金融债券发行方面发挥了重要作用。2017 年，伦敦证券交易所共有 27 只绿色债券在上市，募集资金为 100.9 亿美元。相比之下，2016 年只有 14 只绿色债券上市，募集资金为 56.5 亿美元。截至 2017 年底，伦敦证券交易所总共发行了 64 只绿色债券，累计金额超过 2016.7 亿美元。同时，伦敦证券交易所还发行了 13 只总值超过 70 亿美元的可再生基础设施基金，以及 23 个绿色 ETF 指数。

目前，低碳基础设施市场的分支——可再生能源市场的价值已超过 2900 亿美元，全球贸易中的一系列低碳产品和服务的市场价值将从 2015 年的 1500 亿英镑增加至 2030 年的 1.8 万亿英镑，到 2050 年，这个数值将可能达到 5 万亿英镑。然而目前这个市场的债券融资比例还非常低，为此，英国正在抓紧制定相应政策，把握低碳经济发展的机遇，加快推动绿色金融债券在推动低碳经济中的作用。

第 6 章　新加坡产业金融发展实践

新加坡作为移民形成的城市国家，“与生俱来”就面临国内市场狭小、产业基础薄弱、发展空间受限、远离全球制造中心等难题，因而新加坡发展产业金融，更为强调政府对资源配置的引导和调节功能，即由政府制定出台系统化、精准化的国家战略或扶持计划，为金融对接实体经济尤其是中小企业、创新企业以及创业企业完善配套措施，通过灵活有效的政策组合营造产融良性互动的发展环境。

6.1　构建中小企业融资扶持体系

中小企业是新加坡“最活跃的经济细胞”，超过九成的新加坡企业都是中小企业，中小企业对新加坡产业结构调整和技术进步升级起着举足轻重的作用。新加坡中小企业的活跃发展得益于政府的鼓励、引导和扶持，其中最重要的是政府主导构建了中小企业融资体系，为中小企业资金供给提供了多元化的融通渠道。

6.1.1　实施中小企业贷款计划

中小企业微贷款计划（SME Micro Loan）。雇员人数不超过 10 人的本地中小型初创企业（公司注册不到三年）可以申请最高 10 万新元的贷款，用于日常经营和改善现金流。新加坡企业发展局（IE Singapore）将承担最高 70%的贷款风险。

中小企业流动资金贷款计划（SME Working Capital Loan）。该计划于2016年6月1日由新加坡标新局（SPRING Singapore）推出，总值20亿新元，旨在帮助中小企业应对经济调整。符合条件的企业可以申请最高30万新元的无抵押贷款，作为公司的日常营运资金，也可进行自动化发展，或提升工厂设施与设备。新加坡企业发展局（IE Singapore）将承担50%的违约风险，以鼓励参与的金融机构为新加坡本地企业提供贷款。

中小企业创投贷款（SME Venture Loan）。该计划是2015年10月推出的创投债务计划（Veture Debt Programme）的替代计划，从2018年4月1日实施至2021年3月31日，快速成长和创新型企业可以获得最高500万新元的创投贷款。该计划主要用于企业扩展业务、进行研发或合并与收购等活动，新加坡企业发展局（IE Singapore）将分担50%的风险，让企业更容易获得所需款项。

中小企业设备与厂房贷款（SME Equipment and Factory Loan）。中小企业可以申请最高1500万新元的贷款，用以购买机器、设备或指定厂房产业。新加坡企业发展局（IE Singapore）与参与计划的金融机构共同承担违约风险。

国际化融资计划（Internationalisation Finance Scheme）。该计划旨在帮助有海外拓展意愿的新加坡企业，企业可以获得资产抵押融资、结构性贷款、银行保函以及并购融资。其中，中型企业可以申请最高5000万美元的“无追索权国际金融计划（IFS-NR）”融资，用于开拓海外业务。新加坡企业发展局（IE Singapore）与参与的金融机构共同分担违约风险，发放贷款不看重借款人的资产负债表，而看重项目收入来源。

贷款保险计划（Loan Insurance Scheme）。该计划旨在协助企业获得短期贸易融资贷款，包括库存融资、保理、应收账款贴现与银行担保，以履行合约。中小企业向保险机构投保，由新加坡企业发展局（IE Singapore）承担保费补贴。

知识产权融资计划（Intellectual Property Financing Scheme）。新加坡是继美国之后，全球第二个推出知识产权融资计划的国家。该计划于2014年推出，总价值1亿新元，旨在通过政府与银行共同承担部分债务风险，帮助拥有专利的科技创新型企业使用知识产权获得银行贷款。新加坡知识产权局（IPOS）共委任3家专业机构评估企业专利，企业可以把专利作为抵押资产，向新加坡的大华、华侨和星展银行申请贷款。

6.1.2 设立中小企业投资基金

起步新加坡投资计划（Startup SG Equity Scheme）。该计划从品牌、资金和人才三个方面着手，由“起新—先锋、起新—科技、起新—投资、起新—加速、起新—人才”组成，分别针对首次创业者、科技研发、共同投资、起步公司孵化以及人才培育提供援助。其中，新加坡政府在共同投资计划的投资上限为400万新元，允许政府占公司股份的比重上限为70%。

初创企业发展资本（SRPING SEEDS Capital）。该基金是原新加坡标新局（SPRING Singapore）的投资部门，主要向所有位于新加坡并拥有创新产品、具有知识产权与国际发展潜力的初创企业提供以股权式共筹资金的选择。有意向获得投资的初创企业必须满足诸多条件，包括位于新加坡、核心商业活动在新加坡进行、作为私人有限公司被设立不超过5年、拥有至少5万新元的实收资本、可实证其拥有或拥有大量创新和智能等。

经济发展局投资公司（Singapore Economic Development Board Investment）。该公司成立于1991年，是新加坡经济发展局（EDB）旗下的独立投资机构，其目的是通过投资来促进和催化新工业群组的竞争性增长、加强现有的经济事项，主要投资于高增长性行业的生物医学、清洁能源、数字媒体等领域的成长期项目。

合作投资计划（Co-Investment Programme）。该计划已进展到二期，共设立两只政府引导基金，规模总计1.5亿新元，由海丽凯资本管理公司管理，旨在带动私人企业的投资，以促进位于新加坡的企业的资本增长。一是中小企业合资基金二期（SME Co-Investment Fund II），该基金与私人投资者联手投资符合条件的企业，并为其提供股权融资。二是中小企业发展夹层基金（SME Mezzanine Growth Fund），该基金作为私募股权融资之外的另一融资选择，旨在为符合资格的企业提供债务和股权融资的混合融资方案。

6.1.3 发放中小企业补助津贴

生产力及创新优惠计划（Productivity and Innovation Credit）。符合条件的企业可在提高生产力及创新方面的投资享有额外税额扣除和现金津贴。该计划涵盖6个开支项目：资讯科技与自动化器材、员工培训、注册知识产权、购置/授权使用知识产权、经批准的设计项目、研究与开发。企业投资在以上6个项目的开支，将可享有相等于开支的400%的税额扣除，每个项目的开支顶限为400万新元。企业也可选择将开支转换为无须再缴税的现金津贴，津贴的顶限为100万新元。该优惠更有利于无须缴税或缴税较低的企业。

创新与能力赠券计划（Innovation & Capability Voucher）。该计划可用来落实提升业务营运能力的方案，或寻求咨询服务以加强下述四个方面的业务营运能力：创新、生产力、人力资源发展、财务管理。每个中小企业可以申请最多8份赠券（每份赠券价值5000新元）。其中，只有2份能用来落实提升业务营运能力的方案。

资讯通信科技生产力与增长计划（ICT for Productivity & Growth Program）。有意采用资讯通信科技方案来提高生产力的中小型企业可获得以下资助：采用经证实有助提高生产力的资讯通信科技方案，可获70%津贴；采用新兴技术方案，可获80%津贴（每个企业限10万新元）；

签下网速至少 100Mbps 的光纤宽带网络服务配套，可获得 50% 月费津贴长达两年，每月限 120 新元。

能力发展津贴（Capability Development Grant）。这项计划意在资助中小企业提升企业竞争能力以促进业务增长，可资助中小企业投资于符合条件的项目，所给予的津贴最高可达投资开支的 70%。这项津贴所支持的 10 个项目包括业务创新与设计、商业策略拓展、品牌发展、提升质量与标准、财务管理、人力资本发展、知识产权与特许经营、生产力改进、卓越服务、科技创新。

市场进入协助计划（Market Readiness Assistance）。该计划提供资金以及非资金方面的辅助，以帮助企业跨出到海外发展业务的第一步。企业可在法律咨询、税务咨询，以及海外商机配对服务等方面的开支获得资助，也可通过新加坡企业发展局（IE Sinapore）的资料库和联系中心获取资料，或是通过研讨会、讨论会和咨询会，掌握有关海外市场以及出口外销策略的资料。

初创企业市场准入孵化计划（Market Access Incubation Programme）。初创企业市场准入孵化计划是市场进入协助计划进阶版本，初创企业参加受认可的企业孵化机构所主办的海外会展以及考察团，可获得高达 70% 津贴，以抵销机票、住宿、会展场地租金以及设置展览摊位的费用。

6.1.4　创新淡马锡“信贷工厂”模式

为化解中小企业融资链条长、信贷抵押不足等融资困境，新加坡政府财政部控股的淡马锡公司创新性地开发出一种批量化生产中小企业融资产品的运作模式，即“信贷工厂”模式。在该模式下，金融机构通过标准化作业对中小企业进行授信管理，囊括前期客户接触、授信调查和审批到贷款发放、维护和收回等一系列流程。一是“标准化”处理。以淡马锡子公司富登金融控股为代表，首先将中小企业贷款需求进行行业分类，再对授信调查、审批、贷后监督等相关内容采取标准化管理。二是“流水线”作业。以工厂流水线的形式处理中小企业的贷款申请、审批、发放和风险控制，将中小企业信贷业务细分为客户营销、贷前审批、贷后管理等专业化“生产环节”，并且每一个环节由专人负责批量发放，批量“生产”。三是“多渠道”风控。为控制“生产”过程产生的风险，将向知情人士、行业协会、上下游客户等进行外围调查，对产业链条上企业客户的基本情况进行交叉印证，从多角度、多渠道收集企业信息，同时定期对“准次品”进行预警，对“次品”进行处理。

6.2 建立包容性多层次资本市场

与货币市场相对应，资本市场致力于长期金融活动，涉及资金期限长、风险大、收益大，是企业直接融资的主要渠道。新加坡资本市场发展比较成熟，层级分类明确，具有很高的包容性，可以适应不同企业特别是中小企业的融资需求。值得注意的是，新加坡资本市场的包容性主要源于完善的制度设计，即灵活的二板上市条件、可操作的转板机制以及良好的风险投资政策环境。

6.2.1 完善股票交易市场

1. 主板市场相对成熟

新加坡股票交易所是独立开放的公开市场，上市条件明确，采用发行审核和上市审核分离，由监管机构和交易所各自负责。作为法定的监管机构，新加坡金管局（MAS）负责审核招股说明书是否符合法定披露要求，监督新交所履行其职责；作为监管的“第一道防线”，新交所负责审核发行人是否符合上市条件，监控发行人及时披露重大信息，监督上市公司和保荐人，并对市场进行监测。新加坡主板市场的股票的流通性较好，换手率（交易值/市值）高，市场较为活跃。主板市场对制造业，尤其是高科技企业有更深的认识，估价较高。

2. 凯利板助力成长型企业发展

2007年11月新加坡交易所推出凯利板，旨在为高增长企业提供进入高效资本市场的途径。凯利板的上市条件相当灵活，在税前赢利、营业收入、资产规模和上市市值等方面都没有严格的量化规定，采取保荐人监督制度，即企业能否上市和上市后监管由保荐人直接决定。凯利板上市费用比较较低，审批周期短，在再融资方面享有更多灵活性，而且上市的公司达到主板上市要求后，也能快捷地转到主板市场。因此，凯利板对中小企业具有较强的吸引力，截至2017年底，凯利板上市公司数达201家，总市值超过120亿新元，已发展成为全球最具规模的成长型企业上市平台之一。

6.2.2 培育风险投资市场

鉴于创新创业活动一般具有“高风险、高投入、长周期”的特点，不仅对技术研发水平和产业基础的要求较高，还需要外部环境的持续支持，特别是充分的资金供给。为此，新加坡政府高度重视风险投资对于高科技企业培育和发展的重要作用，通过税收激励、财政资助和透明化监管等措施吸引全球风险投资机构落户，使得新加坡的风险投资稳居东南亚之首。

1. 制定优惠的税收政策

税率和税基优惠。在税率方面，新加坡的VC/PE机构在设立时可以根据其应纳税所得额情况给予相应优惠。在税基方面，风险投资的投资损失、股权交易损失或因风险投资事业清算导致的损失，都可以从投资者的其他所得中扣除，最高可达100%。比如，实施的天使投资减免税计划（AITD），对于一个向符合条件的初创企业投资至少10万新元的天使投者，可在持有投资的第二年年末享受从应纳税所得额中扣除其投资50%的优惠。

税收减免、抵免或抵扣。新加坡通过基金管理人激励计划（Section 13H/Fund Management Incentive S13H/FMI）对核准的创投基金和私募股权投资基金管理给予税收优惠。被批准的基金管理人的管理费及红利收入，最高可享受 10 年免税。经批准的基金管理公司的管理费如果来自另一个经批准的风险投资基金，可以享受 5%的优惠税率，最高可以享受 10 年。

2. 实施积极的财政资助计划

自 2008 年开始，新加坡政府开始对经认定的早期风险投资基金管理公司（Early Stage Venture Fund）的资金募集给予扶持。政府作为 LP 为基金注资，基金管理人按 1∶1 从社会募资，为体现政府的扶持，政府不把自己定位成一般的 LP，所注入的资金只求在退出时每年 5%的 IRR，剩余利润全归基金管理人。对基金管理人来说，他们相当于获得了一笔可随时支取的低息贷款，如果基金损失了则由政府兜底，如果基金盈利管理人则享受政府投资对应的大部分收益。

3. 借助创业加速器吸引创投机构

借助新加坡创业加速器（SBC），吸引跨国公司及初创公司在本地开展业务，汇聚金融机构、高科技公司、科技创业公司、科研院所、创投机构等高端创新创业资源，构建具有全球包容性的金融科技生态系统。

从结果来看，新加坡通过发展风险投资，鼓励企业开发新产品、新技术，鼓励民间研发创新及创业投资，推进了制造业和服务业的自主创新，对本地乃至东南亚地区的创新创业活动起到了有力的支撑和服务作用。根据新加坡风险投资与私募股权协会（SVCA）的调查报告，2017 年新加坡占东南亚全部风险投资的比重超过七成，成为名副其实的东南亚风险投资中心。报告表明，新加坡完善的投资营商环境持续吸引有意进军东南亚市场的初创企业，目前已培育出 Go-Jek、PT Tokopedia 等区域级独角兽企业。

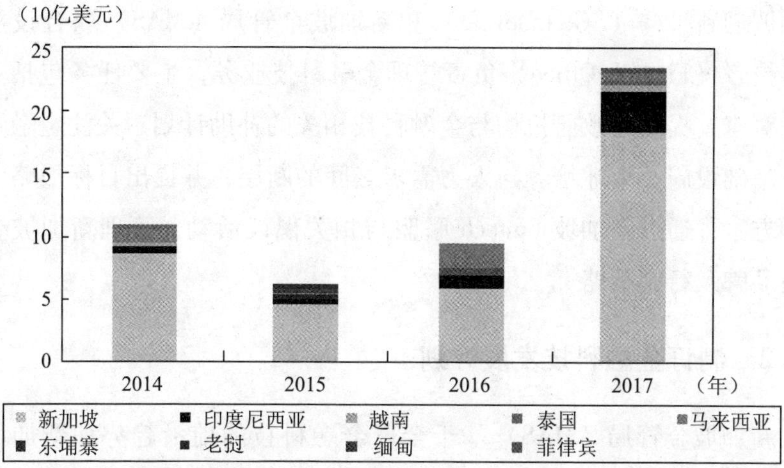

图 6.2.1　2014—2017 年东南亚各国风险投资规模

资料来源：新加坡风险投资与私募股权协会（SVCA）

6.3　打造国际金融科技创新枢纽

新加坡非常重视发展金融科技，鼓励借助大数据、区块链、人工智能等技术手段，提高金融资源可得性，探索产融结合的新场景、新路径和新模式，抢占金融创新发展的全球制高点。从 2015 年下半年开始，新加坡政府将建设“智慧国家 2025”作为重点工作任务，并结合自身金融和科技基础，从管理机构、监管模式、配套政策等几个方面推出促进金融科技发展的组合拳，致力于打造立足新加坡、面向东南亚和亚太地区、连接全球的金融科技创新枢纽。

6.3.1　设置金融科技管理机构

2015 年 8 月，新加坡金管局（MAS）成立金融科技和创新团队（FTIG），下设支付技术方案、技术基础建设和技术创新实验室三个办公室。2016 年 5 月，新加坡国立研究基金会（NRF）下属公司之一的新加坡创新机构（SG-Innovate）和新加坡金管局（MAS）联合设立金融科技署（Fintech Office）负责管理金融科技业务，主要任务包括：审查、对应并提高跨政府机构与金融科技相关的补助计划；关注金融科技产业基础设施、人才培养与人力需求之间的断层，并提出目标战略、政策和方案；通过新加坡 Fintech 联盟与相关倡议活动，管理新加坡金融科技品牌及行销战略①。

6.3.2 制订金融科技发展计划

新加坡金管局（MAS）基于全球金融科技的前沿趋势和新加坡金融科技的发展情况，明确制定了金融科技六大关键技术，即移动支付、身份验证及生物识别、区块链、云计算、大数据以及机器学习，以及推进新加坡金融科技发展的五大计划，即推动金融领域科技和创新（FS-TI）、搭建电子支付基础架构、建立智慧化监管通报系统、打造金融科技生态圈以及推广金融科技与技能培育，如表 6.3.1 所示。

表 6.3.1 新加坡金融科技发展五大计划

项目编号	项目名称	项目内容
1	推动金融领域科技和创新	投资 2.25 亿新元用于金融科技生态系统建设：一是吸引金融机构设置研发中心或创新实验室；二是促进金融机构提出创新解决方案；三是打造支持跨产业技术应用 IT 基础架构
2	搭建电子支付基础架构	改善新加坡支付环境：一是制订快速且安全的交易计划（FAST），方便客户通过终端设备实时转移资金；二是打造一套统一的 POS 系统，降低现金与支票的使用
3	建立智慧化监管通报系统	通过数据标准化和自动化方式降低金融系统持续通报的成本，建立金融监管回报系统，提供监控信息给产业或学术机构进行下一步金融系统与风险分析研究

① 钟鸣长．新加坡 FinTech 生态系统建设及其启示［J］．电子科技大学学报（社会科学版），2016，18（6）：30-38.

续表

项目编号	项目名称	项目内容
4	打造金融科技生态圈	提供汇聚金融科技创新资源的协同平台，并且根据金融领域应用，设计出一套兼具法规与风险评估考量的解决方案
5	推广金融科技与技能培育	与金融机构、培训机构、高等学校等开展合作，同时设置金融培训基金，用以促进金融业创新文化，提供建设金融科技创新枢纽所需的技能训练

资料来源：根据新加坡金管局（MAS）资料整理得出，http：//www.mas.gov.sg/.

6.3.3 启动金融科技“监管沙盒”

新加坡金管局（MAS）于2016年6月推出“监管沙盒”（Regulatory Sandbox）制度，成为全球首批提出用“监管沙盒”来测试金融科技的监管机构，旨在为新技术试验提供相对宽松的制度环境，引导和促进金融科技的持续健康发展。2016年11月，新加坡金管局（MAS）公布《金融科技监管沙盒指南》，设定了“监管沙盒”的目标和原则，并向申请人提供有关申请过程的指导。该《指南》的内容包括“监管沙盒”的基本介绍、方法、指导方针、目标受众、目标和原则、评估标准、延期和退出、申请程序和审批流程八个主要方面。

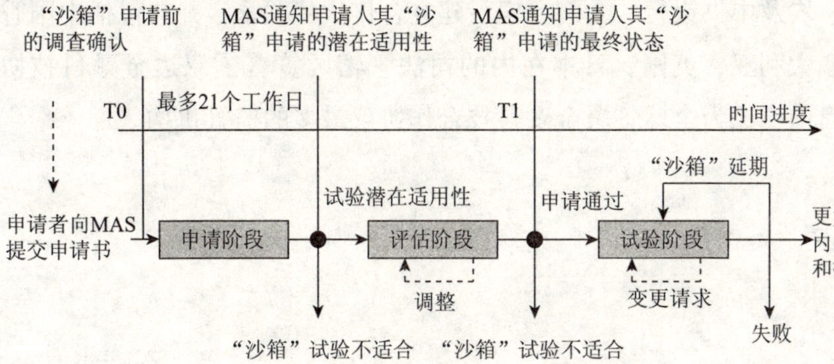

图6.3.1　新加坡监管沙盒申请流程图①

① 于文菊．新加坡“监管沙盒”对我国启示［J］．青海金融，2017（11）：44-47.

6.3.4 完善金融科技配套环境

打造金融科技生态平台。早在 2015 年 8 月，新加坡政府在新加坡金管局（MAS）下设立金融科技和创新团队（FTIG），在 FTIG 内建立支付与技术方案、技术基础建设和技术创新实验室三个办公室，并投入 2.25 亿新元推动《金融领域科技和创新计划（FSTI）》，鼓励全球金融业在新加坡建立创新和研发中心，支持创建一个充满活力的金融科技生态系统。2016 年 8 月，新加坡金融管理局就设立了“金融科技创新实验室”（FinTech Innovation Lab），旨在推动本地金融科技的发展。其具体内容包括促进金融科技创新实验、置入法律咨询产业专家、监管相关资讯咨询服务、建立金融科技交流社群等。

简化金融科技专利申请。为了支持新加坡金融科技行业的发展，帮助企业更快地将其金融科技创新推向市场，2018 年 4 月，新加坡知识产权局（IPOS）启动“Fintech Fast Track”计划，为金融科技创新提供快速的专利申请—授予程序，将金融科技专利的申请时间由正常流程的至少 2 年缩短至最快 6 个月。

开展金融科技国际合作。新加坡金管局（MAS）已经与越南国家银行、埃及中央银行、立陶宛银行建立合作伙伴关系，并与包括中国香港、澳大利亚、英国、日本在内的司法管辖区签署了双边金融科技协定，目前已成为全球签署金融科技合作协议最多的监管机构。

第 7 章　韩国产业金融发展实践

韩国产业金融的发展带有明显的政府干预的色彩。特别是在 20 世纪 70 年代至 90 年代，韩国政府通过直接设立和管理金融机构，并依据国家经济和产业发展战略，决定信贷规模、资金成本和资金流向，形成所谓的“官办金融”模式。在经济发展初级阶段，这种“集中力量办大事”的金融模式把有限的资本投向政府支持的重点产业，起到了促进经济增长的目的。但是，随着经济规模扩大和复杂度加深，“官办金融”模式的后遗症日益显现，并在 1997 年亚洲金融危机得到集中爆发。21 世纪以来，为恢复经济弹性，走出危机阴影，引导金融回归市场属性，韩国将政府职能转变为“一臂间隔”式管理，即将政府调控手段集中用于弥补市场薄弱或缺失环节，做到“支持”而不“干涉”。

7.1　构建中小企业政策性金融体系

韩国中小企业占企业总数的比重超过 99%，同时提供了相当于人口规模 1/4 的就业岗位与接近六成的 GDP，是韩国保障经济稳定发展和推动科学技术创新的中坚力量。韩国中小企业之所以表现出较高的发展动能，很大程度要归功于政府构建了以中小企业为主要对象的政策性金融体系，缓解了中小企业的融资难、融资贵等问题。韩国政策性金融体系由中小企业核心管理机构——中小企业厅、政策性贷款机构——中小企业振兴公团、中小企业担保基金——信用担保基金和技术担保基金、中小企业专业银行——中小企业银行，以及致力于解决商业银行中小企业融资约束的韩国银行等机构组成，如图 7.1 所示。

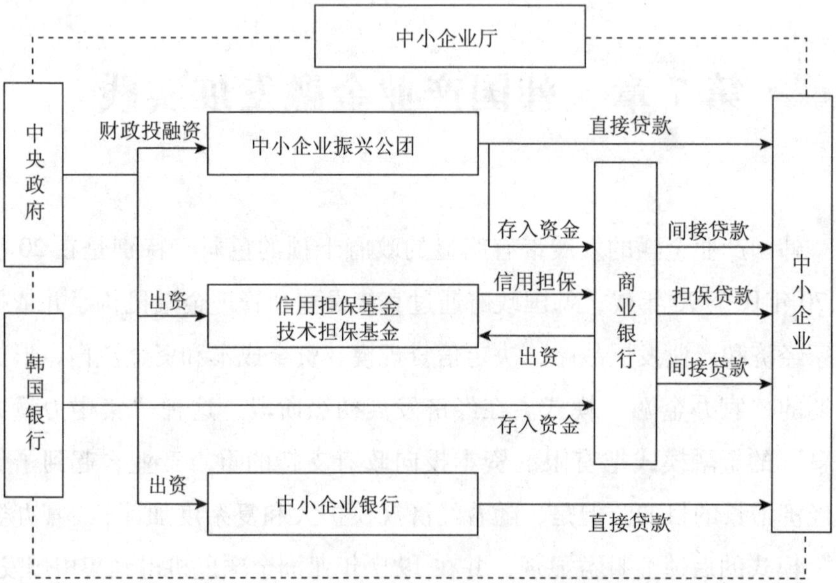

图 7.1.1　韩国中小企业政策性金融体系①

7.1.1　中小企业厅

中小企业厅（Small & Medium Business Administration）的前身是韩国商工部中小企业科，后扩编为中小企业局并与工业振兴厅合并，升格为具有独立行政管辖权的中央行政机关。中小企业厅下设中小企业政策局、小商户政策局、中坚企业政策局、创业风险局、经营销路局、生产技术局等职能部门。中小企业厅的主要任务为营造有利于创业和中小企业发展的政策环境；制定和实施中小企业扶持政策；向中小企业提供技术、经营和营销方面的指导；会同其他政府部门指导政策性金融机构向中小企业提供融资支持等。

① 康青松．韩国中小企业政策性金融体系及其启示［J］．亚太经济，2016（3）：30-35.

7.1.2　中小企业振兴公团

中小企业振兴公团（Small & Medium Business Corporation）是依据《中小企业振兴法》成立的基金管理型准政府机构。公团主要职能是筹措、管理和运营内设的中小企业创业及振兴基金，向创业企业和中小企业提供低于市场利率的政策性贷款，提升中小企业的竞争力。公团下设企划管理本部、金融本部、全球营销本部、人力技术本部等职能部门。公团的中小企业创业及振兴基金的资金来源为中央政府财政投入和债券借款。

公团的政策性贷款具体支出项目主要用于扶持创业企业和创业初期中小企业的扶持资金；扶持具有良好成长潜力中小企业的新成长基础资金；促进以中小企业优秀技术的产品化和商用化为目的的技术商用化扶持资金等。公团采取资信评估和企业诊断相结合的模式，其目的在于发现企业内在的深层次问题，提供一整套解决方案，具体的流程为：第一步，申请人在公团官网上提交申请。第二步，由公团进行资格审查，并向申请人通报是否受理。第三步，贷款审核，一类是传统的资信评估方式；另一类是企业资信评估和健康诊断相结合的方式。最后，发放贷款。

7.1.3　中小企业担保基金

信用担保基金（Korea Credit Guarantee Fund）的雏形是为解决中小企业的担保难而开始实施的信用担保准备金制度，后由《中小企业信用担保法》和《信用担保基金法》规定升级为中小企业信用担保机制。信用担保基金将分散在各个金融机构的担保基金进行归集，并由政府追加投入资金。其中，政府出资根据宏观经济运行和基金的担保支出规模确定，金融机构的出资以其年度贷款总余额的千分之三为上限，由政府来最终确定出资比率。信用担保基金可以及时承兑因大量信贷违约所导致的金融机构的信贷损失，避免发生系统性金融风险。

技术担保基金（Korea Technology Finance Corporation）是依据《技术信用担保基金法》由政府出资成立的基金管理型准政府机构。其核心业务是面向中小企业提供技术评估、技术担保和技术指导等。技术担保基金与信用担保基金的差异在于技术担保基金侧重于技术评估，主要是向科技型中小企业和创业企业的技术提供担保；而后者则侧重于信用评估和信用担保，扶持范围广，包括创业企业、出口企业、优秀服务企业和设备投资等。其中，以健康诊断方式审核的贷款，公团还会提供技术、经营和营销指导在内的综合性解决方案。

7.1.4 中小企业银行

中小企业银行（Industrial Bank of Korea）是依据《中小企业银行法》由政府出资为主成立的中小企业专业银行。中小企业银行的控股股东为韩国财政部，所持股份占总股本的比重超过50%。成立中小企业银行的目的在于通过建立中小企业信用制度，搞活中小企业自主的经济活动，提升中小企业的经济地位。中小企业银行的主要业务有中小企业贷款、中小企业金融债券的发行、中小企业的经营指导等。

7.1.5 韩国银行和商业银行

为促进商业银行的中小企业贷款，韩国银行（Bank of Korea）作为韩国央行，主要实施两种定向扶持政策。一是中小企业义务贷款制度，即要求全国性商业银行把韩元贷款同期增量的45%、地方商业银行是60%、外资银行是35%，用于中小企业贷款的制度安排；二是总信贷限额贷款，即由韩国银行根据各个商业银行的中小企业贷款业绩确定额度，向商业银行提供的用于中小企业专项再贷款的资金。具体的做法是当商业银行超过完成中小企业义务贷款时，韩国银行就会增加该商业银行的总信贷限额贷款额度，否则会缩减额度。

综合而言，韩国中小企业政策性金融体系构成明确，运作机制流畅，并以全面性、互补性、普惠性为主要特征，不仅包括政策性贷款与政策性担保等融资手段，还包括致力于解决中小企业融资约束而采取的一系列政策工具和制度安排，为拓展资金渠道，优化资金供给，纠正市场失灵，提高金融效率，进而提升韩国产业竞争力，做出积极而持续的贡献。

7.2　推进知识产权金融体系化运作

知识产权金融是韩国产融结合发展的重要创新举措。本世纪以来，韩国之所以能够摆脱亚洲金融危机的影响，实现经济发展方式的蜕变升级，与三星、LG、现代等高新技术企业崛起密切相关，而知识产权金融则是支撑这些企业成长为行业巨头的“催化剂”。知识产权金融是知识产权转化运用的高级形式，自身存在两大突出问题：一是由于信息不对称性，权利人很难与市场就价值达成一致；二是知识产权价值受到外部不确定性的影响较大，如潜在的技术突破、无法预期的社会事件等。为降低金融系统识别与防范风险的成本，韩国政府侧重于推进知识产权金融体系化运作，包括建立知识产权价值评估体系、知识产权融资担保体系以及知识产权公共服务体系。

7.2.1　知识产权价值评估体系

为解决知识产权信息不对称的问题，韩国专利厅下属的韩国发明振兴会（KIPA）开发了知识产权价值评估分级系统（SMART）。该系统整合了与知识产权市场价值有关的各类技术和商业信息，可有效降低评估过程中人为因素造成的误差，成为韩国知识产权金融体系的重要基础设施。一方面，通过系统评估获得 B 等级以上评价的知识产权，可获得政府提供的再担保，方便争取银行贷款。另一方面，拥有知识产权的企业可通过系统评估提高自身信用等级，而银行也可依托系统审查质押申请企业的知识产权价值。

7.2.2 知识产权融资担保体系

韩国金融机构主要以两种方式提供知识产权贷款：一种是把知识产权看作企业授信额度提高的重要参考项；另一种是以知识产权作为质押标的从银行获得贷款，如韩国发展银行（Korea Development Bank）和韩国产业银行（Industrial Bank of Korea）提供的相当额度内的知识产权质押商业贷款。为降低知识产权质押贷款的违约风险，2006年开始，韩国技术金融公司（Korea Technology Finance Corporation）、韩国信用代表基金公司（Korea Credit Guarantee Fund）等金融机构相继向技术型企业提供一定额度的知识产权金融再担保服务。2013年韩国专利厅（KIPO）出资500亿韩元与韩国发展银行联合成立知识产权管理公司，用以收购还款违约企业的知识产权，金融机构可从收购款中优先受偿。

7.2.3 知识产权公共服务体系

为了更好地服务需求迫切的中小企业，韩国政府主要通过两种方式降低中小企业知识产权融资的成本，帮助中小企业知识产权的商业化。一是以周密的公共服务间接减少企业获得知识产权金融服务的费用。例如，韩国发明振兴会可为企业培训人才、向企业派出专门人员提供内部咨询服务、建立在线知识产权价值评估系统等。二是直接给予知识产权融资的企业资金支持。例如，韩国知识产权保护协会、发明振兴会等韩国专利厅下属机构都可以向符合一定条件的企业支付知识产权保险金、评估费用等资金。

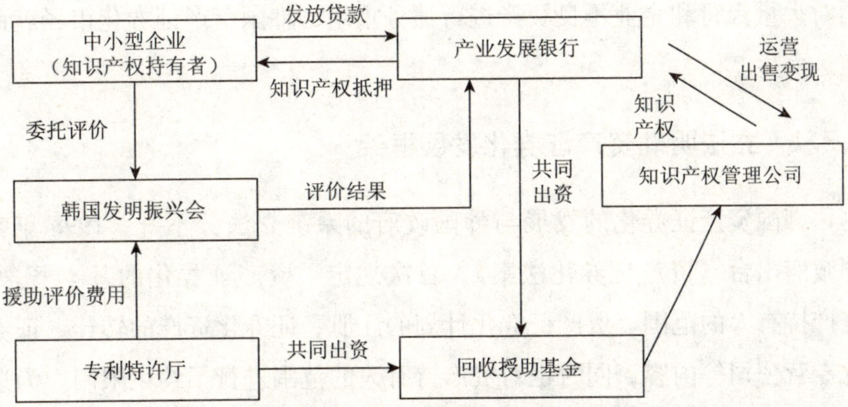

图 7.2.1　韩国知识产权金融运作机制①

综上所述，韩国基本形成了以政府机构和政府投资组建机构为核心的知识产权金融运作机制，如图 7.2.1 所示。其中，政府机构以公共信用为担保，承担了知识产权价值评估、运营或出售变现等公共服务职能，旨在降低知识产权信息不透明所引发的市场风险，将其控制在金融行业平均或更低水平，从而为知识产权融资提供可行通道；政府投资组建机构既以公共投入作后盾，又以市场化方式运作，可为知识产权市场不断输入营养，从而支持各类型企业的创新行为。

7.3　推动资产证券化市场规范发展

资产证券化是以基础资产未来现金流为偿付支持，通过结构化设计进行信用增级，以此发行可交易债券的融资工具。韩国是亚洲资产证券化市场发展最早也是最成熟的国家之一，其发展经验值得中国借鉴。20 世纪 90 年代末，为解决亚洲金融危机所发生的信用失控和金融崩溃，韩国政府大刀阔斧地开展了金融体制改革，通过政府成立的资产管理公

① 邓仪友．政府推动知识产权金融的韩国经验及其启示［J］．中国发明与专利，2017，14（12）：29-33.

司对大量银行和企业不良资产进行债务重组，韩国资产证券化市场就此应运而生。

7.3.1 立法明确资产证券化发展框架

韩国资产证券化的发展与韩国政府的系统立法分不开。1998 年韩国政府出台《资产证券化法案》，首次规定了资产证券化的基本概念、资产持有人的范围、资产证券化计划的注册、证券化资产的转让、证券化专营公司等内容，同时也对资产持有人的范围进行了约束限制。为进一步解决资产证券化落地的法律障碍，韩国政府相继出台了《住房抵押债权证券化公司法案》《房地产投资公司法案》等配套法律，同时还及时制定了《企业结构调整促进法》《企业结构调整投资法》等，修订了《公司整顿法》《产业发展法》等，与已有的《民法》等相关法律共同构筑韩国资产证券化的市场规则框架，为运用资产证券化提供了良好的法律依据和制度环境。

7.3.2 政府间接参与资产证券化改革

韩国资产证券化市场在起步阶段的主要形式是以韩国资产管理公司（KAMCO）作为中介，发行资产支持证券（ABS）处理不良资产。韩国资产管理公司（KAMCO）38%的股份由政府持有，加之 KAMCO 自持的资本金有限，只有通过政府设立“不良资产管理基金”购买不良资产。由此可见，韩国资产证券化改革是由政府以间接方式主导的①。2002 年 11 月，韩国资产管理公司（KAMCO）不再用“不良资产管理基金”接收新的不良贷款，而是用自营账户购买国内不良资产，并且只进行纯商业化运营。韩国资产管理公司（KAMCO）把资产出售给“特殊目的公司”（SPC），特殊目的公司以不良资产发行证券。同时，特殊目的公司委托韩国资产管理公司（KAMCO）作为资产处置服务的

① 赵旭．日韩资产证券化发展的经验与借鉴［J］．亚太经济，2010（4）：72-76.

提供者，所发行的债券的结构设计采用优先级债券和次级债券的方式，其中次级债券由韩国资产管理公司（KAMCO）持有，优先级债券在公开市场中发售。

7.3.3　资产池真实销售和多样化增信

资产池真实销售和多样化的信用增级是韩国资产证券化改革成功的关键。第一，资产池真实销售。韩国证券化的基础资产组合最初由韩国产业银行、韩国外换银行、韩兴银行、韩汇银行、新韩银行和国民银行 6 家具有政府背景的银行的不良贷款组成。由于资产转让是真实销售，而不是担保融资，因此韩国资产管理公司（KAMCO）要与银行签订转让协议，将不良资产转让给韩国证券化公司，同时受让人和出让人向借款人发出转让通知，资产转让才合法有效。第二，多样化信用增级。韩国资产管理公司（KAMCO）采取基础资产打折、超额担保和卖出期权等多种方式对证券进行信用增级。其中，韩国资产管理公司（KAMCO）除了从韩国 6 家银行购入不良贷款，还取得当借款人违约时将贷款回售给有关银行的卖出期权，从而降低了资产池贷款还本付息的违约风险。

从目前情况来看，资产证券化运用对韩国经济结构调整起了非常有效的促进作用。经过多年发展实践，资产证券化市场已成为韩国金融机构和一般企业的主要融资工具之一，资产支持证券（ABS）的基础资产从银行不良债权、房地产相关债权、土地出售债权等传统领域不断扩展到汽车分期贷款、信用卡应收款、学生贷款等消费金融领域，同时抵押支持债券（MBS）、市场流通债券的再证券化（CBO）等新型产品种类也在快速发展。因此，韩国资产证券化市场不仅作为处置不良资产的重要工具，而且发展为实体经济筹资的金融创新业务，在推动企业低成本融资、减少风险资产融资、增强资产流动性等方面发挥了重要作用。

第8章 全球产业金融发展实践对中国的借鉴

从英国、新加坡和韩国产业金融发展的实践来看，各国均根据自身经济、产业的实际情况，以及金融体系的特征，发展出各自独特的金融与产业融合发展模式，在推动产业结构升级、提供产业发展所需的资金等方面发挥了重要作用。在我国产业结构转型升级内在要求进一步加大，企业“融资难、融资贵”问题依然严峻，金融脱实向虚趋势进一步显现的背景下，学习借鉴发达国家的产业金融发展经验，解决实际存在的问题，具有重要意义。

8.1 以商业银行“投贷联动”构建企业股权投资基金

将股权与债权相结合的“投贷联动”模式是商业银行开拓企业直接融资的重要途径，有助于改善我国中小企业过度依赖商业银行贷款的状况，同时也能激励商业银行分享行业发展收益，有效降低风险。尽管目前我国已开展商业银行“投贷联动”试点，但试点地区和银行数量较少，试点效果也未进行充分评估，使得“投贷联动”这一创新模式未发挥重要作用。

在国家“投贷联动”试点尚未有扩容趋势，且多数商业银行仍有意愿和能力参与企业直接融资的条件下，可学习借鉴英国“商业成长基金（BGF）”的经验，由政府部门尝试发起成立引导基金，商业银行投入资金，形成专门服务于我国成长型企业的股权投资基金——

"投贷联动"企业股权投资基金，为企业提供直接融资，探索并开拓一条多方共赢的投融资发展路径，同时也解决非"投贷联动"试点银行参与企业直接融资活动的问题。

在基金组织方面，可由国家发改委、财政部及其他相关部门投入政府引导基金，商业银行以参股形式投入相应资金，共同成立企业股权投资基金。同时，由政府部门和商业银行共同选取或设立一家企业股权投资基金管理公司，负责基金管理及投资决策。政府和商业银行对基金管理的运作实施监管，商业银行利用广泛的客户资源网络为基金管理公司提供项目投资来源，但不干涉基金管理公司的投资决策。

在基金投资形式方面，企业股权投资基金早期可以通过母基金方式投向面向企业的股权投资基金，待条件成熟后，通过股权或准股权形式，直接投向具有高增长潜力的小微企业，并参与被投资小微企业的经营管理，以期所投企业发育成熟后通过股权转让实现资本增值。在做好风险隔离的同时，被投企业还可根据企业发展需要，向基金投资银行申请信用贷款支持，实现股权融资与债权融资相结合。

在收益分配方面，政府可与基金各利益相关方约定一个固定收益率，以保障引导基金能实现回流并产生效益，产生的效益可以补贴或贴息贴保等方式返回给具有成长性且有融资需求的企业；银行间的收益可根据出资份额大小进行分配。如果基金投资项目出现亏损，则政府与银行按照出资比例共同承担损失。

在风险防范方面，可成立风险防控部门，对项目进行全程化动态跟踪及风险预警；同时，国家发改委、财政部等可委托人民银行、银保监会、证监会及其他相关主管部门，利用其自身信息交流平台优势，做好相关信用信息征集工作，及时反馈风险问题并妥善处理。

8.2　结合产业发展需求打造多层次资本市场体系

全球产业金融发展实践经验表明，资本市场作为金融资源配置的重要场所和企业直接融资的主要渠道，是金融创新与产业创新有机结合的产物，具有要素集成、筛选发现、企业培育、资金放大、风险分散等功能。由于不同类型、不同规模与不同发展阶段的企业具有差异化的风险特征和多样化的融资需求，而投资者也有各自的风险偏好和投资需求，所以构建多层次资本市场、丰富金融产品和金融工具有其必要性。从新加坡交易所二板市场升级为凯利板市场来看，资本市场的本质是为资金供给端与需求端搭建对接通道，应该根据企业的实际需求设计具有弹性但不失公允的制度安排。从伦敦证券交易所设立专业板块市场来看，资本市场的结构不是固定不变的，而是需要根据产业发展的趋势进行不断优化调整，最终形成服务产业与实体经济发展的资本市场体系。

目前，我国已经初步建立起包含主板、创业板、全国中小企业股份转让系统（新三板）及区域股权交易市场等多层次资本市场体系，有力地推进了直接融资市场的发展。然而，我国资本市场体系仍存在市场化制度不合理、资源配置效率不高、资本市场结构与企业融资需求无法有效匹配等问题。主板市场规模偏大、创业板上市企业数量较为有限、场外市场发展起步较晚、区域性股权交易市场快速发展背后是无序重复建设等现实状况也制约了我国形成完善的多层次资本市场体系，不利于产业转型升级与经济的可持续发展。因此，多层次资本市场建设方向应是围绕产业发展规律及企业融资需求，构建板块定位明确、层次清晰分明、功能有效互补的合理体系。

在服务中小企业融资方面，应细化资本市场分层管理。例如在新三板市场，可借鉴伦敦证交所设立专业板块经验，实行差异化的制度安排，分别面向不同资质、不同数量的企业群体，制定不同的准入门槛、交易方式、信息披露等，为不同特点企业提供有针对性、高效率的服务，以实现市场风险的分层管理。在企业发展不同阶段，可在各层次市场进行转换，发展情况较好，流动性较强的企业可优先获得转板上市的权利，区域性市场中的优质企业也可转板至新三板较低层次市场挂牌。

8.3 开展“监管沙盒”实现金融创新与金融监管相统一

无论是从拓展产融互动场景的角度，还是从深化产融结合方式的角度，产业金融的未来发展必然依托金融创新尤其是金融科技的应用创新，所以美国、英国、新加坡等先进国家都颇为鼓励各种类型的金融创新行为。其中，英国和新加坡实施的“监管沙盒”方案，本质上是监管机构为适应层出不穷的金融创新而主动作为的制度创新。其根本目的尽管还是履行防范金融风险、维持金融稳定、保护金融消费者权益等基础职能，但是在实施过程中，由于设计了不受外界影响的“安全区域”，适当放宽了监管约束甚至允许突破部分监管限制，实际上又扮演了金融创新孵化器的特殊角色。换言之，“监管沙盒”减少了金融创新活动的制度障碍和潜在风险，为新产品、新技术和新业态的出现提供了竞争性市场环境所不能提供的试验空间，从而起到推动科技产业及实体经济持续创新的作用。

由于我国经济体量大、区域金融发展水平不均衡，金融监管体系和框架也与英国有较大差异，因此我国并不具备像英国这种在国家层面开展统一“监管沙盒”的条件。但“监管沙盒”机制可以在我国几个主要金融业发达的城市率先试点，待发展模式成熟之后，再适时逐步推广。

首先，明确金融创新监管主体和职责权利。由试点城市地方金融工作办公室（局）和国家金融监管驻地机构联合组建金融创新管理中心，设定金融创新项目的评审规则，统筹金融科技创新的申请、审批、测试、管理、推广等工作。在明确金融创新监管责任主体的基础上，强化监管部门的权限，将与金融科技创新相关的金融审批权、监管权统一划归至金融创新监管中心，以实现对属地金融风险的高效监管。

其次，探索设立金融创新监管的试验区。在一定试验区域范围内，允许金融科技企业向金融创新管理中心申请创新项目测试，借鉴英国

FCA 的监管沙盒测试惯例，对测试项目实行限制性授权、监管豁免、免强制执行函等措施，支持企业、消费者和监管者的良性互动，探索形成完整的监管沙盒体系。

第三，探索实施有限业务金融牌照制度。规范金融创新管理运作机制，在金融创新监管试验区内试点监管沙盒牌照体系，实行有限业务牌照与全面业务牌照相结合的管理机制。对已按照监管沙盒审批标准开展创新项目申请的企业，在完成沙盒测试程序之前授予有限业务牌照，仅用于特定区域业务开展，业务所涉及的消费者为指定知情人员，不得面向外部市场推广；在完成沙盒测试程序，通过评审并备案的金融科技企业，可发放相应业务全面牌照，据此合法开展金融创新业务，同时接受相应监管。

第四，全面启动消费者权益的保障机制。建立合格消费者参与制度，在实施监管沙盒测试前，可由金融创新管理中心设立监管沙盒的金融消费者“测试库”，参与沙盒测试的企业也可根据客户风险测评结果，邀请符合条件的金融消费者加入测试库，通过经济奖励等方式鼓励符合一定经济标准、具备一定金融知识、能够承担相应风险的消费者参加测试。同时，建立严格的信息披露制度，参与主体企业应向金融消费者及金融科技监管机构详细说明沙盒测试交易模式、参与方的权利和义务，让金融消费者知晓测试流程。此外，制订消费者维权补偿方案。对于参与监管沙盒测试项目的消费者，参与主体企业要提供与一般金融消费者同等的财产安全权和依法求偿权，并制订项目发生风险问题或失败情况下的金融消费者保护、补偿以及退出方案。

8.4 创造有利政策环境推动风险投资活跃发展

尽管风险投资市场是一个具有高度竞争性的金融领域，但从新加坡的实践经验可以看出，风险投资的发展与政府制定实施的促进和支持政策密切相关。一方面，政府对风险投资的扶持，能有效引导社会资本投入产业发展的关键环节，解决创新型企业融资瓶颈，加大产业发展的资本供给。另一方面，除了政府补贴、财税优惠等间接方式，也可探索由政府出资设立风险投资公司，弥补市场风险投资不足的问题。

在政府补贴方面，可借鉴英国政府的"创新资助计划"和"Smart计划"。其中，"创新资助计划"为20世纪70年代英国政府推出的总额为500万英镑补贴计划，对符合条件的低于2.5万英镑的小企业项目，提供1/3到1/2的项目经费补助；"Smart计划"通过在雇员少于50人的小企业中开展评选活动，向合乎标准的企业提供资金支持，为那些商业可行但无资金来源的创新项目提供便利。为激励创业投资更多投入创新产业领域，我国可以借鉴英国政府的补贴计划，在创业投资机构向符合产业发展导向的小微企业提供小额创业投资过程中，提供一定比例补贴，或者以信用担保、政府采购等间接形式参与风险资本的供给。

在财税优惠方面，可借鉴新加坡对风险投资实施投资损失抵税经验，加快完善我国风险投资税收优惠政策。按照税收中性、税收公平原则和税制改革方向与要求，允许符合条件的有限合伙制创业投资企业将投资所得或损失全部按照"流经原则"直接分配给合伙人，再由有限合伙人按照所得性质缴纳相应的所得税。

8.5　以中小企业为主体推进政策性金融体系建设

政策性金融作为商业性金融的补充，是现代金融体系的有机组成部分，在弥补和完善市场融资机制、推动特殊产业领域发展、鼓励和扶持中小企业发展、提高金融资源配置效率等方面发挥重要而积极的作用。从国际经验来看，新加坡和韩国的政策性金融体系都是以中小企业为主体进行发展的，主要是因为中小企业对经济和就业的贡献巨大，但同时由于体量限制而存在一定的融资约束。我国目前政策性金融体系发展还不够完善，主要存在政策性金融机构种类与数量较少、政策性担保投入不足、企业信用信息体系不健全、对企业生命周期前端支持不够等问题，需要加快系统性的政策性金融体系建设。

在政策性金融机构建设方面，应大力发展政策性融资担保机构。针对政策性融资担保机构发展不足的情况，应鼓励以财政资金和国有资本为主，通过设立、控股、参股等方式，发展一批主要服务于科技创新产业及小微企业，主业突出、经营规范、实力较强、信誉较好的政府性融资担保机构。同时，加快培育一批规模实力较强、治理结构完善、内部控制严密、风险管理有效，具有较强开展政策性融资担保服务能力的民营融资担保机构，积极参与政策性融资担保体系建设。

在加强政策性金融投入方面，可探索政策性科技保险及贷款贴息。积极推动科技保险项目实施，助力科技型企业分散科研风险、促进科技创新，降低融资门槛与融资成本。每年安排专项资金对已投保的科技型企业予以保费资助。引导保险机构为高新技术企业开发知识产权保险、产品研发责任险、关键研发设备险、成果转化险等创新保险产品。积极试点高新技术企业小额贷款保证保险，使保险公司成为高新技术企业的贷款担保机构，减少企业抵押担保压力。安排科技企业贷款贴息资金，对获得贷款的企业予以贴息，贴息比例按基准利率计算，根据项目所属行业、企业性质和规模等因素设定贴息梯次，并确定贴息比例。

在完善公共信用机制方面，应搭建信息信用平台。探索中央与地方征信系统、银行与非银金融机构信用信息、金融机构与类金融机构信用信息对接，健全个人、企业、社会组织等信用信息数据库。探索引入第三方征信机构或大数据管理平台参与科技企业信用建设，实现政府与社会机构资源共享，进一步推动信用体系建设健康发展。支持金融服务机构利用信用信息平台合理筛选项目、确定利息、丰富产品，使真正具有市场前景和发展潜力的科技型企业获得更好发展。

针对企业生命周期前段投入不足的问题，应加强相关产业政策的聚焦。加快优化相关产业扶持政策，统筹施策、精准发力，更大力度支持初创期和成长期科技型企业，利用产业扶持政策扶持企业走过“死亡陷进”阶段，顺利对接市场。在壮大期和成熟期逐步弱化政策对企业补贴和扶持力度，减少政策对市场价格信号干扰。

下篇

国内实践篇

第 9 章　中国产业金融发展实践

随着我国经济发展进入新常态，经济结构面临调整，企业亟须转型升级，产业金融发展迎来了前所未有的机遇。2017 年以来，在政府的大力支持和引导下，产业金融凭着独特优势，将金融服务更深层次地渗透到产业链各个环节，从而助推经济增长和企业转型，金融服务实体经济发展的水平进一步提升，产业资本向金融领域延伸趋势减弱，与此同时，金融支持创新发展的风险共担机制不断健全，新型金融业态发展呈现新格局。

9.1　中国产业金融发展新态势

9.1.1　金融服务实体经济水平持续提升

1. 金融支持实体经济发展政策不断加码

金融正本清源。2017 年 7 月，全国金融工作会议强调，金融要回归服务实体经济的本源，把为实体经济服务作为出发点和落脚点，全面提升服务效率和水平，把更多金融资源配置到经济社会发展的重点领域和薄弱环节，更好满足人民群众和实体经济多样化的金融需求。2017 年 9 月召开的党的十九次代表大会，再次重申了金融回归本源要求，提出“着力加快建设实体经济、科技创新、现代金融、人力资源协同发展的产业体系”，“深化金融体制改革，增强金融服务实体经济能力，提高直接融资比重，促进多层次资本市场健康发展”，从政策要求层面进一步夯实了金融支持实体经济的基础。2018 年深入推进经济去杠杆，同业业务锐减，金融机构之间的不当套利减少。

政策密集出台。党中央国务院先后出台《关于金融支持经济结构调整和转型升级的指导意见》《关于金融支持小微企业发展的实施意见》《关于多措并举着力缓解企业融资成本高问题的指导意见》等一系列措施扶持实体经济发展。人民银行、银保监会、证监会、发展改革委、财政部等联合印发《关于进一步深化小微企业金融服务的意见》（银发〔2018〕162 号），从货币政策、监管考核、内部管理、财税激励、优化环境等方面提出 23 条短期精准发力、长期标本兼治的具体措施，督促和引导金融机构加大对小微企业的金融支持力度，缓解小微企业融资难、融资贵问题，切实降低企业成本，促进经济结构调整和转型升级。

2. 货币政策传导机制加快疏通

运用信贷政策引导资金流向实体经济。运用信贷政策支持再贷款、再贴现等工具，引导金融机构加大对小微企业的金融支持力度。2017 年 9 月 30 日，央行宣布对普惠金融领域贷款余额或增量达到一定标准的商业银行进行 0.5%到 1.5%不等的定向降准，2018 年面向普惠金融定向降准。2018 年 8 月，国务院金融稳定发展委员会（下称“金融委”）召开第二次会议，重点研究进一步疏通货币政策传导机制、增强服务实体经济能力的问题；随后，8 月 10 日，中国人民银行在发布的《2018 年二季度货币政策执行报告》也强调，下一阶段要重点疏通货币信贷政策传导机制；8 月 11 日，中国银保监会下发《中国银保监会办公厅关于进一步做好信贷工作提升服务实体经济质效的通知》，表示要进一步疏通金融服务实体经济的“最后一公里”，提出了疏通货币政策传导机制，推动稳就业、稳金融、稳外贸、稳外资、稳投资、稳预期的具体要求，未来信贷资源将向服务小微企业、“三农”、民营企业，支持基础设施补短板项目，发展消费金融，服务进出口企业等几大领域倾斜。2017 年，银行业对实体经济发放的人民币贷款余额为 119.03 万亿，同比增长 13.2%。

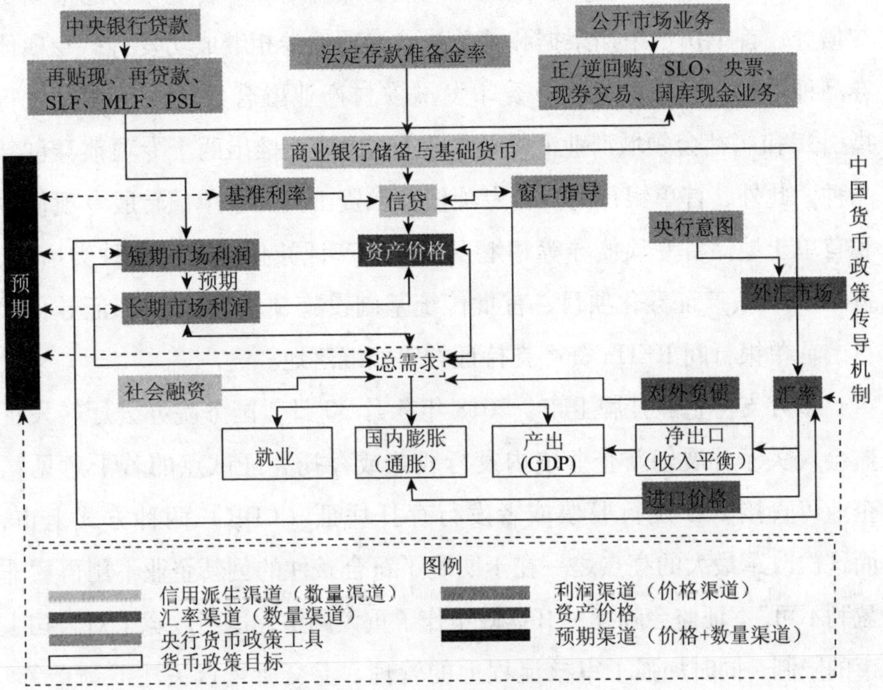

图 9.1.1　中国货币政策传导机制

运用评估激励机制激发金融机构服务实体意愿。优化小微金融服务监管考核办法，加强贷款成本和贷款投放监测考核，落实无还本续贷、尽职免责等监管政策，提高小微企业贷款不良容忍度，有效发挥监管考核“指挥棒”的激励作用，着力缓解小微企业融资难融资贵问题。截至 2017 年末，银行业涉农贷款余额 31 万亿元，同比增长 9.64%，发放扶贫小额信贷余额近 2500 亿元，贫困县行政村基础金融服务覆盖率达 95%；小微企业贷款余额 30 万亿元，同比增长 15%，比各项贷款平均增速高 2.67 个百分点，并且自 2015 年以来，连续三年实现了小微企业贷款增速、户数、申贷获得率“三个不低于”目标。

3. 资本市场服务实体经济质效提高

创新丰富债券市场产品。2017 年，首次出现大气污染防治绿色债券、境外企业绿色熊猫债券和绿色短期融资券等券种，首只绿色债券指数型理财产品成立；扶贫债券发行规模和品种增加，首笔银行间市场扶贫债券、首单扶贫中期票据和首单扶贫专项债券相继成功发行；专项债券品种增加，国家发展改革委印发《农村产业融合发展专项债券发行指引》和《社会领域产业专项债券发行指引》，推出两个专项债券创新品种，此外，首单银行间双创专项债务融资工具、首单债转股专项债券和首单土地储备专项债券等相继发行；资产证券化基础资产种类增多，首单 PPP 资产证券化项目、首批传统基础设施领域 PPP 资产证券化项目、首单银行间 REITs 资产支持证券等相继落地。

多方支持企业挂牌上市。2018 年 3 月 30 日，国务院办公厅转发证监会《关于开展创新企业境内发行股票或存托凭证试点的若干意见》，企业可直接 IPO 发行股票或者发行存托凭证（CDR）两种方式上市，而这次改革最大的亮点之一在于明确了符合条件的创新企业不用再“非盈利不可”。证监会陆续对 IPO 政策作了重大调整，适当放宽了对公司上市的限制，同时加强了审核流程上的管理。上交所重点关注“新蓝筹”公司，深交所加大对科技型创新创业企业的支持力度，共同创新资本推动资本市场和实体经济高质量发展。新三板市场方面，2017 年 12 月 22 日，全国股转公司发布了新制定的《全国中小企业股份转让系统股票转让细则》，引入集合竞价、优化分层制度、实施差异化信息披露制度等内容，以期完善市场功能、提高投融资效力、改善市场流动性。

9.1.2　非金融企业投资金融机构势头减弱

1. 非金融企业投资金融机构门槛提高

近年来，随着中国金融业综合经营的快速发展，金融控股公司日益增多，大量非金融企业通过发起设立、并购、参股等方式投资金融机构，一方面可以满足企业金融服务需求、提高资本盈利水平、降低交易成本和创造协同价值等，另一方面也存在部分企业与所投资金融机构业务关联性不强、以非自有资金虚假注资或循环注资、不当干预金融机构经营、通过关联交易进行利益输送等问题，这既容易助长脱实向虚，也容易导致实业风险与金融业风险交叉传递。中国人民银行前行长周小川在《党的十九大报告辅导读本》中指出要建立健全金融控股公司规制和监管，严格限制和规范非金融企业投资金融机构，从制度上隔离实业板块和金融板块。2018 年 4 月 27 日央行、证监会、银保监会联合发布《关于加强非金融企业投资金融机构监管的指导意见》，就非金融企业投资金融机构的准入资质、资金来源、关联交易防范、防火墙构建、新老划断等内容进行明确，对于金融机构的控股股东原则上要满足连续 3 年盈利、净资产不低于总资产 40%等要求。

2. 产业集团清理金融资产

在政策要求和自身战略调整下，诸多产业集团等相继决定“聚焦主业”，主动清理部分金融资产，做好有金融风险防范准备。2017 年金融上市公司中被产业集团控股的市值占比开始出现大幅下降，由 2016 年的 27.05%下降到 19.78%。

9.1.3　金融支持实体经济的风险分担机制不断完善

1. 搭建专项风险补偿资金池

为了缓解中小企业融资难的困境、促进金融和科技企业紧密结合，各地政府研究搭建专项风险补偿资金池，鼓励银行增加对中小企业贷款，对科技企业放贷银行所产生的损失进行补偿，为科技型中小企业承担有限代偿责任。例如，2017 年山东省在全国第一个出台《山东省区域资本市场股权质押融资增信引导基金管理实施细则》，支持设立总规模 10 亿元的股权质押融资增信基金，为挂牌企业融资增信。2018 年深圳设立知识产权质押融资担保风险补偿基金，为在深圳中小微企业运用知识产权质押融资提供风险补偿，帮助企业盘活知识产权无形资产，拓展融资渠道。

2. 政金企合作风险分担模式不断创新

在国家以及各级政府引导下，我国各地逐步建立健全了政金企多方参与的风险分担机制。由政府部门、金融监管机构、商业银行等多方共同搭建的科技金融综合服务平台遍地开花，该类平台立足从供给侧引导金融资源支持实体经济发展，通过为不同发展阶段的企业提供债权和股权融资对接、征信查询、信用评级、融资担保、行业咨询、投融资政策支撑等一站式服务，既化解企业“融资难”“融资贵”及“融资繁”等问题，又形成风险分担的合力。

3. 政府引导基金引导有力

近年来，为发挥财政资金的杠杆放大作用，增加创投资本供给，分担部分投资风险，提升对重点产业发展的支持，我国各级政府设立了大量的引导基金，引导基金规模呈现了爆炸式增长。根据投中数据显示，截至 2018 年 6 月底，国内共成立 1171 只政府引导基金，总目标规模达 5. 85 万亿元（含引导基金规模+子基金规模），其中政府引导基金本身总规模在 1. 46 万亿~1. 75 万亿元。在政府各类引导基金机制的推动下，创投机构积极参与到科技金融服务体系中，通过阶段参股或跟进投资等方式来解决不同生命周期的科技企业融资问题，不仅为科技企业带来了大量的资金，而且突破了传统金融体系风险分担模式。

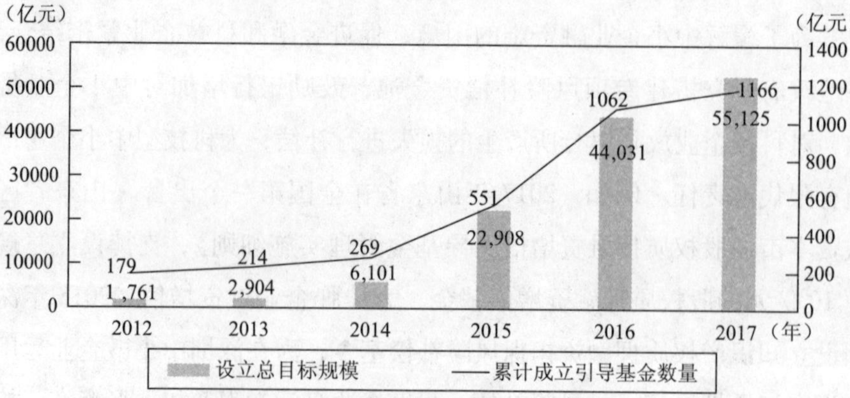

图 9.1.2 全国政府引导基金发展情况

资料来源：投中研究院

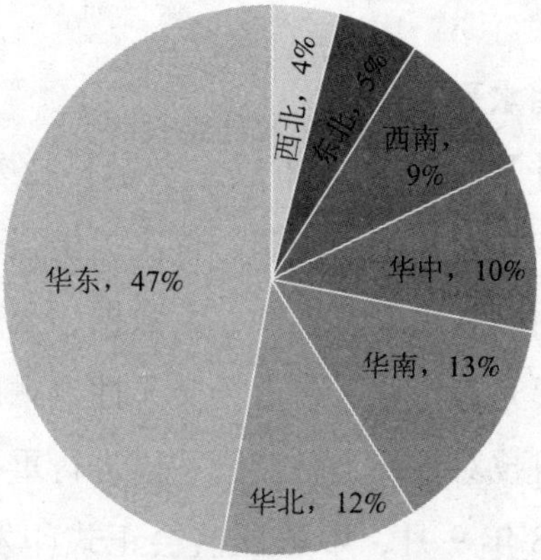

图 9.1.3　政府引导基金区域分布（数量）

资料来源：投中研究院

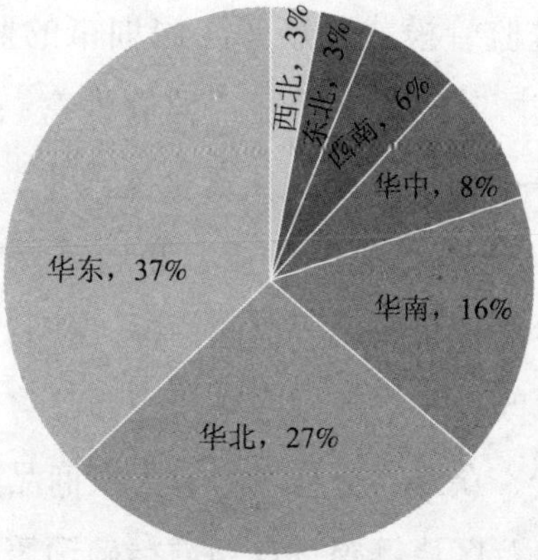

图 9.1.4　政府引导基金的区域分布（规模）

资料来源：投中研究院

4. 政策性担保体系不断健全

2017 年 9 月 27 日国务院常务会议部署强化对小微企业的政策支持和金融服务，会议决定，大力支持发展政策性融资担保和再担保机构，尽快设立国家融资担保基金等事项。深圳、上海、合肥、苏州、成都、济南等各地纷纷设立政策性担保公司，通过加强与商业银行的合作，为科技企业提供征信服务和贷款担保服务，进一步提高了行业整体抗风险能力。

5. 监管科技应用水平提升

2017年5月，中国人民银行布成立金融科技委员会，进一步加强金融科技工作的研究规划和统筹协调，首次提出强化监管科技在金融监管中的应用实践，明确利用人工智能、大数据、云计算等前沿技术加强金融监管的手段，提升跨行业、跨市场交叉性金融风险的甄别、防范和化解能力，为监管科技对传统金融监管手段进行重构提供了强有力的理论与实践支撑。2018年9月，中国证监会正式印发监管科技总体建设方案，明确了监管科技1.0、2.0、3.0各类信息化建设工作需求和工作内容，证监会监管科技建设着力实现业务流程的互联互通和数据的全面共享，实现对市场运行状态的实时监测，提高主动发现问题的能力和监管智能化水平，促进监管模式创新等。深圳市的监管科技走在全国前沿，福田区最先借鉴国际经验，探索“监管沙盒”；深圳金融办与腾讯合作建立非法集资等一整套模型，从资金流入手，加强风险监控识别，利用智能技术对新兴金融实现广覆盖、穿透式监管；针对P2P网贷、典当等行业，从风险管理角度设置监测指标，并利用区块链技术确保数据实时报送，不可篡改；针对新型网络化犯罪趋势，建立多维度预测预警模型，实现对网贷、众筹、交易场所、大宗商品交易、稀缺交易、微交易、贵金属交易以及区块链等重点领域精确预警，分类分级处置。

9.1.4 新型金融业态发展格局不断调整

1. 互联网金融行业加速洗牌

在去杠杆的严监管大背景下，2018年以来互联网金融平台信用风险事件频发，根据网贷之家数据统计，截至2018年6月30日，我国在运营P2P网贷平台共2835家。其中2018年上半年新增平台36家，退出721家，在721家平台中，网站长时间无法访问的平台达511家，占70.87%；僵尸网站85家，占11.79%；跑路、经侦立案67家，占

9.29%；主动退出 18 家，占 2.50%；其他类型 40 家，占 5.55%，监管高压下 P2P 平台深度洗牌趋势渐显。互联网金融平台问题集中爆发，促使人民银行开始着手部署下一轮互联网金融风险专项整治工作，2018 年 7 月，人民银行会同有关单位召开互联网金融风险专项整治工作部署动员会，要求用 1 到 2 年时间完成互联网金融风险专项整治，对 P2P 网贷平台加强监管与延期备案，但并不意味着金融部门对于 P2P 模式的否定，而是期望通过更强有力的监管、更严格的标准和更完善的制度去规范市场、整顿环境，保障行业有序健康发展。P2P 网贷平台除了继续深化大数据、云计算等金融科技新技术应用外，必须按照金融业发展的客观规律，在投资人和借款人适当性管理、依法合规风险管理等领域深度探索改进商业模式。互联网金融作为普惠金融中一种融资渠道的价值依然得到承认，可以预见，未来整个互联网金融行业将更趋于阳光化，“吹尽狂沙始到金”，虽然目前谁能笑到最后犹未可知，但优质平台、创新平台总能成功突围。

2. 供应链金融站在发展的风口

在目前金融强监管、降杠杆、去产能的金融压抑与金融自由化的博弈进程中，监管与市场的摩擦导致金融业务的周期性极强，从而引发金融创新的风口不断演化，而当下产业金融领域最热的风口无疑是供应链金融。供应链金融勃兴的原因可从两个维度来看：一是互联网技术对于金融传统业务的变革，可称之为技术维度；二是宏观政策和监管环境对于实体经济投融资需求的影响，可称之为政策维度。2017 年国务院印发《关于积极推进供应链创新与应用的指导意见》，将其上升为国家战略，明确供应链金融的规范发展，有利于拓宽中小微企业融资渠道，确保资金流向实体经济；2018 年 4 月，商务部等 8 部门联合发布《关于开展供应链创新与应用试点的通知》，进一步要求推动供应链核心企业与商业银行、相关企业等开展合作，加强互联互通和数据共享，创新供应链金融服务模式，积极稳妥开展供应链金融业务。2017 年我国供应链金融市场为14万亿元，据预测，2020年我国供应链金融市场规模或将达到27万亿元。供应链金融对于金融从业者而言，不仅是一条政策鼓励、市场推动的产业金融之路，而且是一条转型发展、补齐短板的必选之路。在政策鼓励、技术推动、银行转型、产业变革等力量的共同推动下，未来的供应链金融是新制造、新金融、新技术的跨界融合，供应链金融开始走向智慧化4.0时代。

表9.1.1　供应链金融的发展阶段与特点

关键词	中心化	线上化	平台化	智慧化
商业模式	传统供应链金融线下模式 以核心企业的信用作为支持	供应链金融线上化 ERP对接供应链的上下游及各参与方	通过互联网技术的深度介入，打造一个综合性的大服务平台	行业细分 去中心、实时、定制、小额 渗透到整个管理运营环节
供应链金融提供主体	银行	银行 供应链参与者	银行 供应链参与者 平台构建者	银行 供应链参与者 互联网参与者
技术突破	不动产抵押、信用评级	互联网 动产抵押	云 三维数据风控建模	数据质押 物联网、人工智能、大数据

3. 绿色金融发展渐入佳境

在十九大报告中，国家对绿色环保的投入和重视提到了前所未有的高度，一系列的具体行动已经开始，绿色金融市场开始蓬勃发展。根据统计，截至2017年底我国绿色融资余额总计近9万亿元，成为节能减排、环境治理和结构调整的重要资金来源，有力地支持了我国绿色发展和转型。我国政府积极寻求覆盖全域、种类多元的环境产权交易市场建设，2017年12月19日，国家发改委发布了《全国碳排放权交易市场建设方案（电力行业）》，标志着全国碳市场建设正式启动落实，但距真正启动交易尚有很多制度体系和基础设施建设工作需完成。全国碳市场首批仅纳入电力行业，覆盖企业1700多家，总排放规模35亿吨，占全国碳排放总量的39%，超过EU-ETS成为全球最大碳市场。2017年，深圳、上海、背景等全国8个碳交易试点市场合计成交量2.11亿吨，成交额48.1亿元。但在绿色金融改革创新取得诸多成效的同时，也要看到绿色标准不统一、缺少基层金融机构绿色架构、缺乏专项货币政策激励工具、可持续能力有待提高、盈利能力有所欠缺等问题。

9.2 中国产业金融发展存在的问题

9.2.1 金融服务“主动脉梗阻”

银行、证券、保险、信托、期货等传统大型金融机构服务机构以及资本市场是中国金融系统的“主动脉”，是服务实体经济的主力军。近年来，中国经济进入新常态，实体经济下行压力较大，金融体系理应为实体经济注入更多“血液”，更好地服务实体经济，推动实体经济高质量发展。但现实情况是，金融行业不断“脱实向虚”，资金在金融体系内部空转、套利，实体经济融资困难、融资贵，金融服务的主动脉出现梗阻。金融“脱实向虚”的原因是多方面的，除了实体经济下行，利润率低，资本的风险与收益不匹配外，货币政策“锁长放短”带来的短期化以及利率市场化改革不彻底带来的制度套利成为“金融脱实向虚”的重要推手。

1. 货币政策“锁长放短”，导致金融短期化

近年来，中央银行更多依靠逆回购和SLO和MLF等公开市场操作调整基础货币供给，稳定货币市场流动性。由于公开操作释放的主要是中短期资金，金融机构无法用于长线放贷，否则就会导致期限错配，商业银行使用越来越短期的负债去支撑贷款的稳定，长期流动性不断减少，一定导致商业银行短期流动性的大幅增加，并推高货币市场利率，加大商业银行负债成本，同时相应减少中长期贷款。这样，实体经济的中长期融资越来越难，不得不借入短期贷款，而短线资金成本很高，又造成了融资贵，民间投资因融资问题而不断下滑。资金因无法进入实体经济，就只能在金融体系内部空转套利，大玩钱生钱游戏，造成金融市场泡沫膨胀，资产收益率下降，资金成本很难覆盖资产收益率，直接导致层层加杠杆，带来整个经济系统的杠杆高企。

2. 利率“双轨制”，创造套利空间

2015 年 10 月 23 日，中国人民银行宣布放开存款利率浮动上限，不再对存贷款利率进行管制。存款利率上限的“强制性约束”变成了“自律性约束”，延续至今。我国利率市场化改革并不彻底，形成了银行体系中的管制利率和银行体系之外的市场利率并存的“双轨制”特征，即存在两套基准利率体系，一是商业银行存贷款基准利率体系，二是以 shibor 为代表的货币市场基准利率体系，而这两套基准利率水平存在较大利差。以一年期为例：2018 年 8 月底，商业银行一年期存款基准利率为 1.5%，一年期 shibor 为 3.51%，而一年期 MLF 的利率为 3.33%。存贷款基准利率和市场利率“双轨”并存，产生存款“搬家”现象，商业银行为突破存款基准利率约束，大量采用理财或结构性存款方式吸收公众存款，金融同业和表外业务急剧膨胀，市场诱惑下大量民间实业资本进入金融市场，并从事短期金融套利交易。货币套利投机资金规模爆炸式增长，同时引发恶性循环，即货币市场利率越高，银行储户存款流失越多，导致商业银行流动性越发短缺，迫使商业银行在货币市场大量拆借，从而进一步推高货币市场利率，同时诱发更大规模的货币投机。

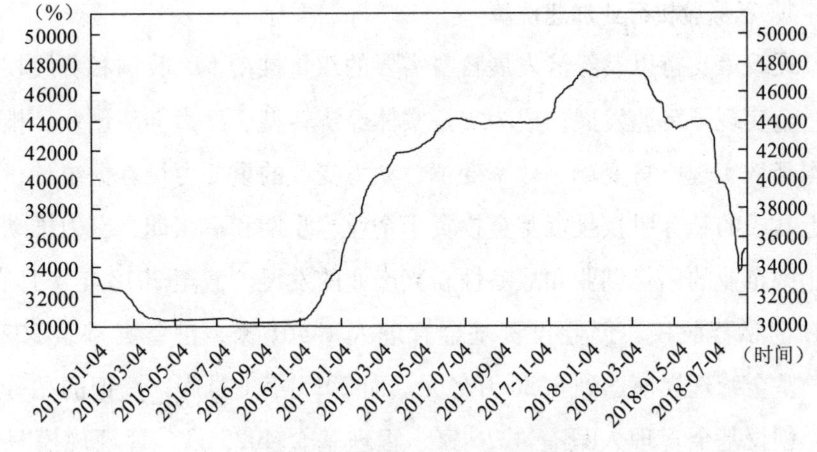

图 9.2.1　SHIBOR 利率大起大落

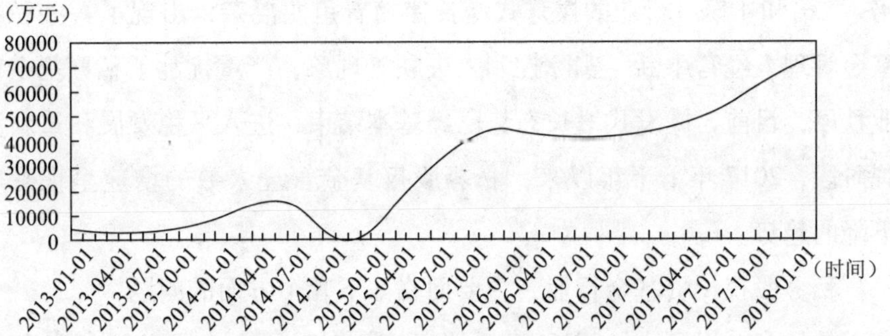

图 9.2.2　货币基金市场化规模爆炸式增长

9.2.2　金融服务“微循环不畅”

如果说传统的大型金融机构构成金融系统的“主动脉”的话，村镇银行、农村信用社、小额贷款公司、融资租赁公司、商业保理公司、融资担保公司、私募基金等新兴和新型中小金融机构应该成为金融系统的“微循环”。这些中小金融机构机制灵活、决策链短、地缘人缘关系紧密、产品服务更接地气，在服务中小微企业、创新创业等方面应该发挥更大的作用。但是，目前这类金融机构发展不充分、发展不平衡，导致金融系统“微循环”不畅通。

1. 私募股权行业加速洗牌

在政策支持以及经济发展自身需要的双重推动下，我国私募股权投资基金实现了飞速发展，成为支持实体经济转型、助力创新创业、推动我国经济实现质量变革、效率变革、动力变革的重要力量。据统计，目前近八成的私募股权投资基金投资于企业起步期和扩张期，有力推动了中小微企业的创新创业和战略性新兴产业的发展。截至 2018 年 7 月底，已登记私募股权、创业投资基金管理人 14461 家，已备案基金 32232 只，基金管理规模达到 8.26 万亿元。而 2015 年 1 月底，登记的私募股权、创投基金管理人只有 4276 家，管理基金 4025 只，管理规模只有 1.68 万亿。近三年来，基金管理人、基金数量和基金规模分别增长 2 倍、7 倍和 4 倍。行业的爆炸式增长伴随着鱼龙混杂，出现了一些私募基金管理人经营中断、实际控制人失联等现象，严重扰乱了私募基金行业秩序，目前，爆发式增长态势已经基本结束，进入平稳发展和重新洗牌阶段，2017 年下半年以来，私募股权基金管理人数的增速呈现月度下降的趋势。

私募股权投资基金行业，主要面临如下几个方面的问题：

数量多、规模小。2018 年 7 月底的数据显示，中国已登记私募基金管理人平均管理基金规模是 6.02 亿元，100 亿元规模以上的基金管理人数量是 233 家，50 亿元到 100 亿元之间的是 264 家。这意味着整个行业中绝大部分基金管理人规模很小，小机构在持续发展能力、专业化等各方面表现都会相对较弱。中国目前私募股权基金管理人数量显然已经太多，接下来行业会经历一个优胜劣汰的过程，而且投资和回报也都会不断向“头部”集中。2017 年末，美国的私募股权、创投基金 1.58 万只，基金规模 4.7 万亿美元，管理人数量在 1500 多家左右①，平均管

① 这里只统计了美国证监会公布的 Private Equity Fund，Section 4 Private Equity Fund 和 Venture Capital Fund 数据。美国资产管理规模高于 1.5 亿美元的私募基金需在证监会进行注册登记，而符合一定条件的 VC 基金和管理规模在 1.5 亿美元以下的私募基金则可以豁免登记。

理规模为 3 亿美元/家，是中国的 3 倍左右。硅谷的统计数据显示，整个风投行业创造的总体利润中，有 80%是由行业数量内少于 20%的头部 VC（风险投资）创造的，其他绝大部分 VC 都没有产生好的盈利。

退出渠道有限。私募股权常见的退出方式包括 IPO、并购、新三板挂牌、股转、回购、借壳、清算等。目前国内以 IPO 和新三板挂牌退出为主，据相关数据统计，2016 年上半年，投资机构完成退出交易 2053 笔，其中新三板挂牌 1644 笔，占到退出的 80%；并购 150 笔，在数量上首度超过 IPO，占比 7%；通过 IPO 退出的交易为 146 笔；而通过回购、借壳等方式退出只占所有退出数量的 2%。2018 年 1 月 15 日，新三板实施市场分层、交易制度等新政策，到 7 月末，累计融资额仅有 505. 27 亿元，成交金额大幅萎缩，2016 年全年累计成交额为 2271 亿元，2015 年不足 2000 亿元。未来新三板挂牌退出将会越来越少。市场上的大部分私募基金的 GP 们正在或即将进入“流动性焦虑期”。与美国等国家相比，我国私募股权投资基金行业的退出渠道是不畅通的。从美国私募股权基金退出看，其一级市场退出机制经历了从以 IPO 为主的退出方式，到以并购为主的退出方式的演变，总体上呈现出 IPO 退出机制逐渐衰退、二次出售退出比例逐年上升、并购仍为退出机制第一选择的阶段性特征。

出现募资困难。2018 年《关于进一步明确规范金融机构资产管理业务指导意见有关事项的通知》（即业内所称的“资管新规”），进一步提高了合格投资者门槛，且向上穿透了合格投资者，这将直接减少合格投资者数量；去资金池、去通道、消除多层嵌套、金融机构等作为 LP 的出资受到更多限制等。比如常用的“银行理财+私募 FOF/银行理财+私募基金”“非金融机构资产管理产品+私募基金”模式，“保险资管+私募基金”的 FOF 模式等都行不通了，此前银行理财等资金通过资管计划投资私募股权基金时通常采取的“滚动发行”、期限错配、分离定价等操作均不再可行。在此背景下，私募股权投资机构的资金来源会受较大影响，募资难度将持续上升。

缺乏流动性。一般私募股权投资基金会在其期限的后期退出所投资的企业，获得投资收益，并将投资收益返还给投资人，投资期限为5~7年，这在一定程度上限制了私募股权投资者的流动性，投资者如果想提前退出，就会比较困难。欧美地区拥有相对成熟的私募股权二级市场，而国内这一市场则刚刚起步，注重二级市场交易的母基金规模不大，缺少全国性的交易平台，不利于私募股权投资基金行业的发展。

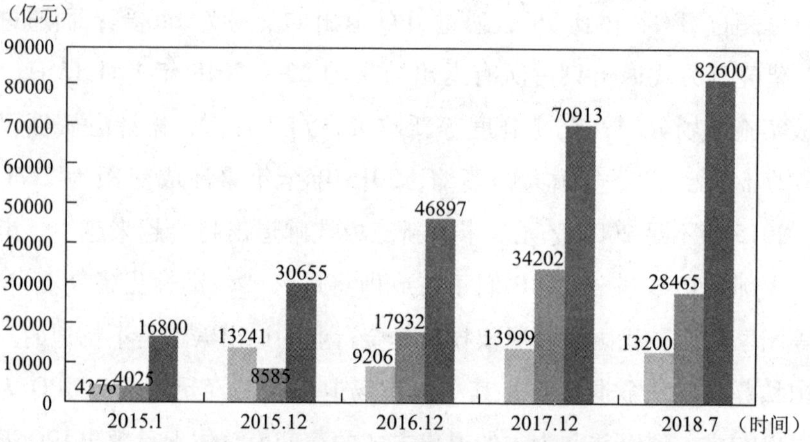

图 9.2.3　私募股权、创投基金行业发展情况

资料来源：中国证券投资基金业协会。

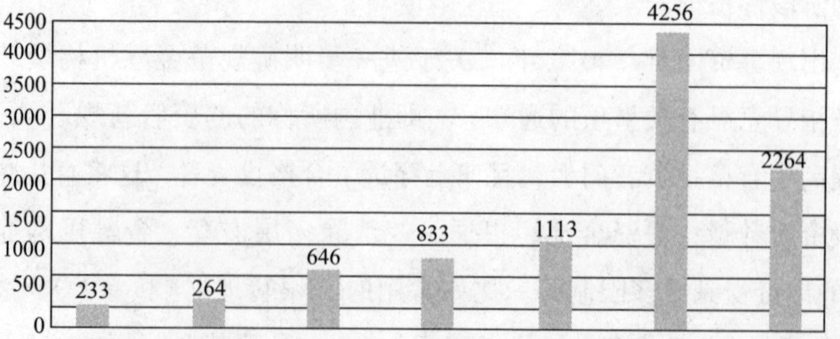

	≥100亿	50亿～100亿	20亿～50亿	10亿～20亿	5亿～10亿	1亿～5亿	0.5亿～1亿
管理人家数	233	264	646	833	1113	4256	2264

图 9.2.4　私募基金管理人管理基金规模分布

资料来源：中国证券投资基金业协会。

2. 村镇银行发展面临考验

自2007年试点设立村镇银行以来，村镇银行即被定位为“立足县域、立足支农支小”。然而，由于规模小、服务对象单一、抗风险能力弱等特点，村镇银行在这十余年的发展中也面临着考验。根据银保监会数据显示，截至2017年末，村镇银行机构组建数量已达1601家，其中中西部地区机构占比65%，已覆盖全国31个省份的1247个县（市、旗），县域覆盖率达68%。目前村镇银行主要专注“存贷汇”等基础金融服务，近六成资产为贷款，近九成负债为存款，户均贷款余额37万元，已经连续五年下降。村镇银行只能在县域经营，无法在一个更大的范围内分散风险，同时，它的资金规模很小、分支机构少，导致其社会公信力不高，进而影响到资金筹集能力，在人力资源、科技投入等方面都有先天不足。尽管，村镇银行获得了政策的大力支持和引导，但缺乏市场化的根基，没能冲破物理网点少、品牌优势弱的局限，尚未走出一条可持续的商业化路径。近年来，随着金融科技的发展，商业银行纷纷利用金融科技手段创新金融产品和服务模式，而村镇银行利用金融科技的手段提高服务质量还是比较有限的，金融科技对村镇银行的冲击大于它的积极作用。

2017年，国开行已清空所持村镇银行股权；澳洲联邦银行将其持有的15家村镇银行股权转让给齐鲁银行；2018年，建行将其持有的27家村镇银行股权挂牌出售，如果股权转让完成，意味着建行也将全面退出村镇银行业务。这些大银行转让村镇银行股权，当然有其发展战略的考量，但盈利有限甚至亏损也可能是其股权转让的重要原因。澳洲联邦银行转让的15家村镇银行有13家处于亏损状态；国开行转让股权的15家村镇银行，有8家在2016年出现亏损，亏损总额接近3亿元。

3. 小额贷款公司面临萎缩

从2005年央行批准在5个省试点组建小额贷款公司以来，小额贷款行业已经走过十几个年头。在补位传统金融机构、助农助微等方面做出了积极贡献。但是，全国小额贷款公司数量和贷款余额在 2014 年达到顶峰之后，出现逐年回落，行业出现萎缩，如图 9.2.5 所示。除经济下行、管理不善等自身因素外，政策受限是其发展困难的重要原因。首先，小额贷款公司从性质上是一般工商企业，不是金融企业，风险拨备资金不能受到税务部门的承认，从而不能享受税前扣除的优惠政策；不能采用同业拆借方式，只能采取工商企业贷款方式从银行获得融资。其次，小额贷款公司杠杆很低，主要以自有资金放贷，杠杆率最高的重庆也只有 2.3 倍。再次，小额贷款公司融资渠道狭窄。在杠杆率受到严格限制的背后，包括银行信贷、发债和上市等小贷公司多种融资渠道也在被堵塞。2016 年开始，很多银行把小额贷款公司列为禁入的行业，即使放贷的银行，利率定价也偏高。目前尚无一家小额贷款公司在 A 股挂牌，只有少数的小额贷款公司在港股上市。

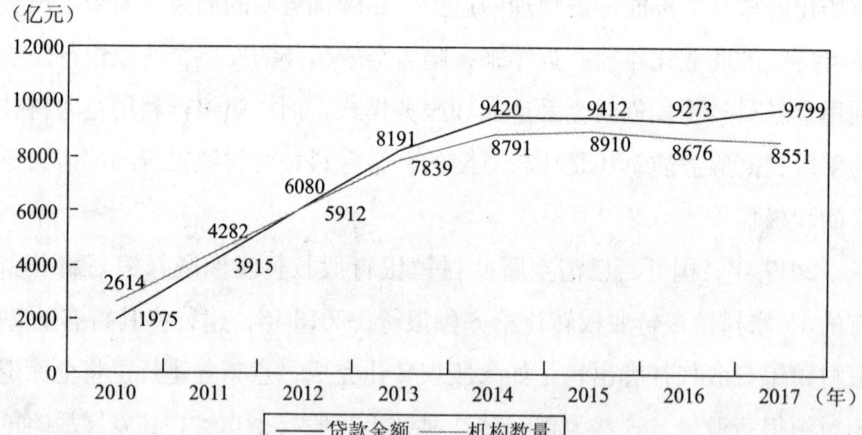

图 9.2.5　全国小额贷款机构数量与贷款余额

2016 年上海自贸区发放了全国第一张互联小贷牌照以后，互联网小贷迎来了发展机遇。但 2017 年 11 月，全国互联网金融风险专项工作领导小组办公室紧急下发《关于立即暂停批设网络小额贷款公司的通知》文件，叫停网络小贷公司牌照发放，并禁止新增批小贷公司跨省开展小贷业务。2017 年 12 月，《关于规范整顿“现金贷”业务的通知》，要求“禁止网络小贷通过互联网平台或地方各类交易场所销售、转让及变相转让本公司的信贷资产；以信贷资产转让、资产证券化等名义融入的资金应与表内融资合并计算，合并后的融资总额与资本净额的比例暂按当地现行比例规定执行，各地不得进一步放宽或变相放宽小额贷款公司融入资金的比例规定”。互联网小贷业务戛然而止，整个小额贷款行业正面临前所未有的发展挑战。

9.2.3 金融资源结构性错配

近十几年来，我国金融业快速发展，金融产业增加值占 GDP 的比重从 2005 年的 4%迅速攀升至 2017 年的 7.9%，其中 2015 年曾达到 8.44%，该数值不仅高于巴西和俄罗斯等新兴市场经济国家，也高于美国、英国、德国等传统经济发达国家。我国拥有庞大的金融资产存量，然而金融资源结构性错配和资源扭曲严重，庞大的金融资源未能真正有效发挥促进实体经济发展的作用。

1. 信贷资金投放结构失衡

信贷资金投放“重大轻小”。商业银行信贷资金主要流向了大型企业、国有企业、上市公司和行业垄断性企业，信贷资源配置严重不公，中小微企业、“三农”很难获得信贷资源。有很多大企业银行授信额度用不完，为避免资金闲置，有的拿去购买银行理财产品、委托贷款，甚至直接入股小贷公司、担保公司等，小微企业再从这些金融公司高息借钱发展。以上市公司为例，2012 年，A 股上市公司购买理财产品的金额仅为 71 亿元；2013 年暴增至 1667 亿元；2014 年增至 3474 亿元；2015 年超过 5500 亿元；2016 年达到 7807 亿元；2017 年沪深两市共有 1139 家上市公司购买 13602 款理财产品，合计金额已高达 11471.31 亿元。

中小企业融资难、融资贵是一个世界性的难题，1931 年英国的麦克米伦爵士在调研了英国的金融体系和企业后，提出了“麦克米伦”缺口，即中小企业的贷款需求与实际所能获得的贷款供给之间的缺口。从这点来看，它不是现在才有的问题，更不是中国特有的现象。但是，在我国中小企业融资难、融资贵的问题更为严重和突出。产生这种情况的原因是多方面的，首先，中小企业自身存在问题。广大的中小微企业一般处在创业初期或者是产业链的低端，相当比例的企业先天存在产权边界不清晰、内部管理不规范、信用程度难以评估、缺少抵押品等问题。对于大型商业银行虽然被迫执行“两个不低于”的要求，但也主要是基于政治责任，以他们庞大的组织架构和繁复的管理流程以及难以降下来的管理和人力成本，是根本没有动力去服务中小企业的，即使做了也是不经济的。其次，银行同质化、不充分竞争。近年来，尽管城市商业银行、农村商业银行、村镇银行以及民营银行得到了较快的发展，但银行总体上还是同质化不充分竞争。我国以银行间接融资为主，但与以直接融资为主的美国相比，我国的银行数量还是偏少的，银行资源仍然是稀缺的，而且竞争是同质化的。截至目前，我国共有各类银行3100多家①；而美国商业银行的数量在1978年达到最高峰1.44万家，2018年6月底联邦存款保险公司参保的商业银行4833家，储蓄机构709家。我国3100多家银行里，资源主要集中在大型银行手里，其中四大国有商业银行资产占到35%。

美国的大企业融资主要是靠资本市场的直接融资，银行不得不把资源投向中小企业，而且还有大量的地区性小型银行，便于为本地区的中小企业提供贷款，另外，还有服务中小企业的专业银行，如硅谷银行。根据联邦存款保险公司（FDIC）统计，到2018年6月底，联邦存款保险公司参保的5542家商业银行及储蓄机构，总资产规模17.5万亿美元，其中总资产规模大于2500亿美元的银行只有9家，占0.16%；资

---

① 包括2家政策性银行，1家开发性银行、1538家商业银行、1家邮政储蓄银行、25家省级联社、22家地市级联社、1600家村镇银行。

产规模在 100 亿~2500 亿美元（含）之间的银行有 125 家，占银行总数的 2.26%；资产规模在 10 亿~100 亿美元（含）之间的银行有 637 家，占银行总数的 11.49%；资产规模在 1 亿~10 亿美元（含）之间的银行有 3399 家，占银行总数的 61.33%；资产规模在 1 亿美元以下（含）的银行有 1372 家，占银行总数的 24.76%，如图 9.2.6 所示。

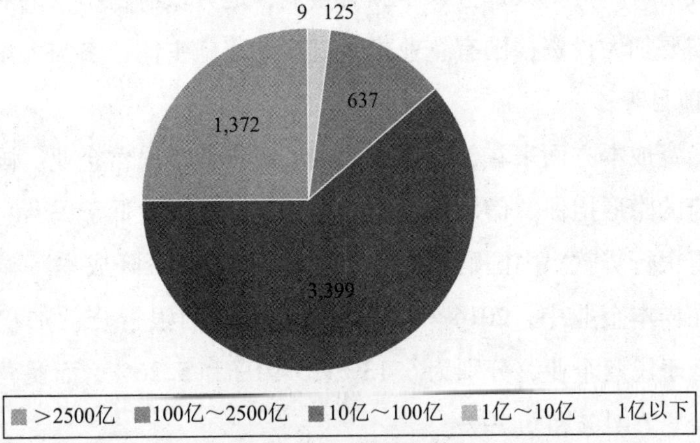

图 9.2.6　美国银行规模机构

资料来源：联邦存款保险公司 2018 年二季度数据。

信贷资金投放"重公轻私"。从融资地位来看，国有企业和民营企业在融资地位方面存在较大的不平等。第十二届全国人大财经委员会副主任委员顾胜祖指出，国有企业和民营企业在经营条件上面临着显著的融资可获性和融资成本的差异。国企更容易从正规金融体系中获得资金。而大量民营企业却因为规模小、实力弱、经营管理机制落后、市场稳定性较差、资信等级不高、可抵押担保品较少等条件约束，从正规金融体系较难获得资金。在信用评级方面，国内外部信用评级机构对国有企业与民企的评级标准也存在较大差异，对国有企业，重点强调对其资源把控能力、获取外部支持能力的分析；而对民营企业，重点关注其公司治理、关联主体及财务数据的真实性。考虑到国有企业的经济主导作用、调控目标落实载体、行业分布等，国有企业无论是在自身经营资源还是获得外部支持的广度和深度方面，都比民营企业更具优势，进而使得国有企业具有更为优质的外部信用环境。比如说，2008 年推出的 4 万亿刺激计划，约 37%的资金（15000 亿左右）被用来建设基础设施（铁公机等）和城市电网，约 25%的资金（10000 亿左右）被用在地震灾区灾后重建，剩下的资金，其用途包括保障性住房、自主创新和农村水电路气房等，资金大都进入了国有企业；地方政府稳增长的业绩和就业压力需要加大投资，国有企业也是直接的实施主体，参与大量的基建和 PPP 项目等。

从融资成本方面来看，国有企业融资成本低于民营企业。国有企业依托政府的隐形担保、信用评级差异等，能够以大大低于民营企业资金成本获得银行贷款。中国财政科学研究院 2017 年“降成本”调研报告显示，在样本企业中，2014—2016 年国有企业的银行贷款加权平均利率明显低于民营企业，分别为 6. 13%、5. 91%和 5. 26%，而民营企业则为 7. 65%、7. 41%和 6. 79%。

2. 资本市场发展不平衡

股票一、二级市场不平衡。长期以来，股票一、二级市场价格落差巨大，存在套利机会，导致大量短期资金介入发行过程，引发一级市场需求过于旺盛，一、二级市场风险与收益不平衡。2018 年以来，受宏观经济的去杠杆、中美贸易摩擦加剧、人民币贬值、监管趋严等多重因素影响，股票市场剧烈波动，股指不断下挫，成交低迷。股票市场持续低迷，与对二级市场的重视不够有很大关系。我国货币政策、金融调控往往只针对货币市场，对资本市场的考虑不够，形成了货币市场与资本市场的相互分割，不能协调发展，资本市场的保值增值功能十分微薄。

再融资结构不平衡。近年来，尽管上市公司再融资渠道不断拓宽，但可转债、优先股等股债结合产品和公发品种发展仍然比较缓慢。定向增发等非公开发行由于发行条件宽松、定价时点选择多、发行失败风险小，使其成为绝大部分上市公司首选的再融资品种。2017 年 2 月发布的再融资新规，对上市公司非公开发行提出更严格的要求，定增规模开始缩减。2017年5月出台的减持新规，延长了资金参与定增的退出期限；2017年9月可转债发行实施信用申购制度，告别了资金申购时代，可转债越来越受关注。

股债发展不平衡。从我国资本市场发展的实际情况来看，股票市场和债券市场的发展存在着严重的失衡。股票市场和国债市场规模较大，发展速度较快；而企业债券（包括各类公司债、短融、中票）市场规模过小，发展滞后。2008年金融危机以后，我国开始尝试放开民营企业发债主体资格，2015年继续放开发债主体，迎来了债市的发展高峰。企业债券融资占社会融资规模的比重从2002年的1.8%一路飙升到2015年的19.1%，达到近年来的高点。在金融强监管和去杠杆的宏观环境下企业债券融资比重显现明显滑坡回落。2017年通过债券市场获得的企业债券融资额降幅巨大，全年仅为4495亿元，而上年同期为3万亿元。根据2018年6月末的统计，全社会融资规模存量为183.27万亿，其中，企业债券余额为19.2万亿，占比仅为10.5%。

多层次资本市场发展不平衡。新三板、区域股权交易市场作为多层次市场建设的重要主体，发展不景气导致融资情况也不容乐观。新三板经过5年多的发展，挂牌企业从2012年底的200余家达到2018年8月底的1.1万家，数量上获得了巨大的扩容。但受到市场流动性、定价功能、信息披露、交易机制等问题的影响，目前挂牌企业数量还是交易量均出现大幅萎缩，发展正面临着严峻挑战，如图9.2.7和图9.2.8所示。由于流动性低迷，交易量较低，大批做市商退出相关业务，做市商退出又进一步反噬新三板流动性，形成消极循环。区域性股权交易市场作为主要为中小企业提供股权流动性服务和融资服务的场外交易市场，是中国多层次资本市场的重要组成部分。目前，全国共有40家区域股权交易市场，挂牌企业超过2.2万家，该市场的发展处于起步阶段，对财政补贴依赖较大，缺乏健全的市场化激励约束机制和独立生存能力，整体处于亏损状态，可持续发展能力不足。据不完全统计，扣除政府奖励所补贴的企业挂牌收入，单就为企业提供投融资等增值服务收入进行核算，全国区域性股权交易市场90%处于亏损或严重亏损状态①。

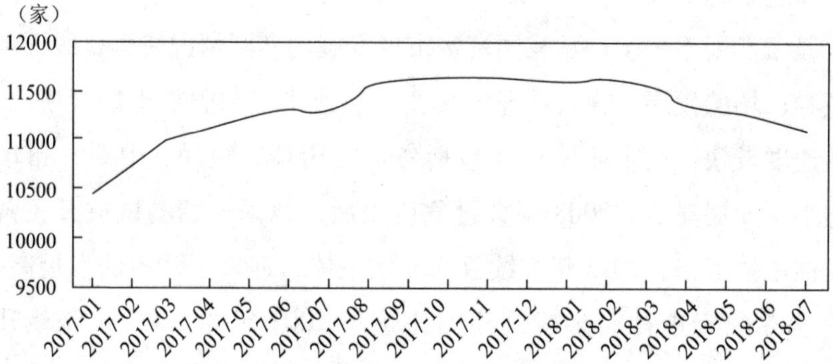

图 9.2.7　新三板挂牌企业数量

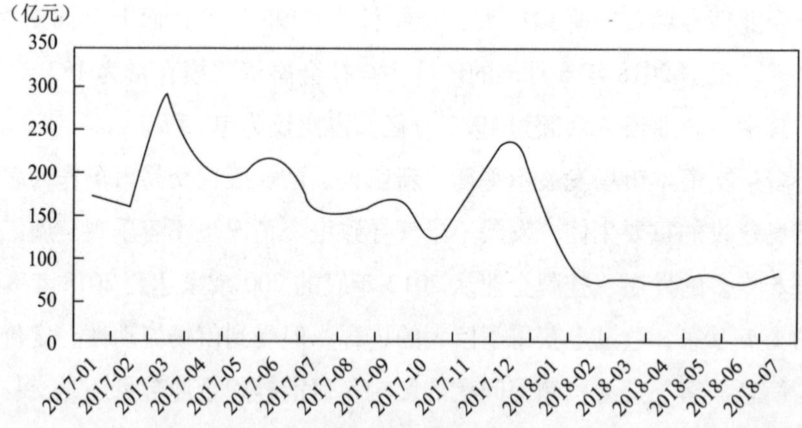

图 9.2.8　新三板成交量

商品期货市场作用有待提升。商品期货市场在经济发展过程中具有价格发现和套期保值规避风险两大功能。我国期货市场功能的发挥与世界第二大经济体的国际地位、与我国是众多大宗商品的最大或前列的消

① 吴国鼎．发挥市场决定作用改革区域性股权市场［N］．中国证券报——中证网，2017-09-30.

费国、进口国的市场地位还存在不匹配问题。我国期货市场在交易制度、市场参与主体分布、期货产品供给、国际影响力方面都存在诸多问题，对实体经济的支持作用亟须提升。2017 年，全国期货市场累计成交量约 30.76 亿元，累计成交额约 187.90 万亿元，分别较 2016 年下降 25.66%和 3.95%。我国商品期货市场在经历多年持续增长之后出现了交易额和交易量的双双下降，市场交投活跃度降低，这与金融去杠杆有一定的关系。

9.2.4　金融挤压与实体经济

1. 金融业占据过多社会利润

实体经济是创造社会利润财富蛋糕的主体，金融业作为第三产业，大部分利润来源于实体经济创造的利润，而社会财富蛋糕在一定时期内是固定的。如果服务于实体经济的银行拿走的蛋糕过多，那么实体经济企业得到的必然就少，金融业占据过多的社会利润已成为不争的事实。2011 年以来，不断攀升的社会融资总量以及表外融资和债券融资的大幅增长，与持续下行的经济增速与宏观经济产出形成了极大的反差和背离。在实体经济亏损严重的情况下，金融业却能大幅盈利，这有违经济规律。2017 年，A 股 3142 家公司去年共实现营收 35.61 万亿元，净利润总额 3.145 万亿元，净利率为 8.83%。而同期 26 家上市银行实现营业收入 3.88 万亿元，实现净利润 1.39 万亿元，净利率为 36.47%；上市银行净利润占 A 股整个市场净利润份额四成以上。2017 年商业银行累计实现净利润接近 1.75 万亿元，折合 2592 亿美元（汇率按 6.752 计算），同期，美国银行业累计净利润仅为 1884 亿美元①；中国银行业利润是美国的 1.38 倍，而 GDP 仅是美国的 64%左右。这些利润并不是依靠经营效率提升创造的，而是依靠专营性和不充分竞争获得的高额利

① 资料来源于中国银行国际金融研究所全球银行业研究课题组发布的《全球银行业展望报告》。

润。目前，我国商业银行净息差仍有 2.5 个百分点以上，利息收入仍是各商业银行的主要收入来源，非利息收入仅占全部收入的四分之一不到。从税收贡献度来看，整个金融行业税收占全国总税收的 12.67%，非金融行业则为 87.3%左右。

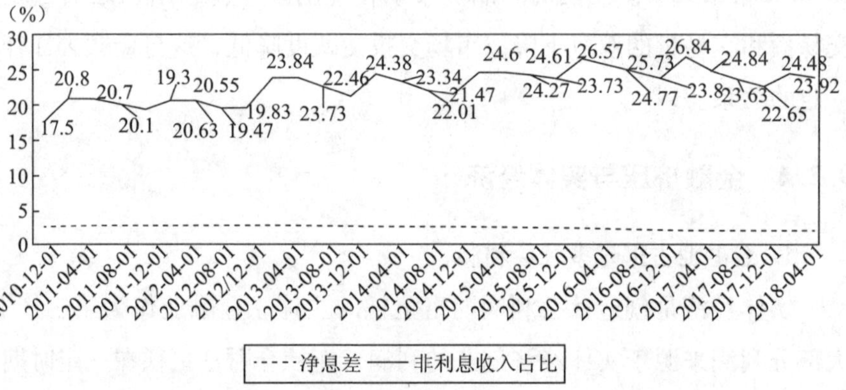

图 9.2.9　我国银行业上市公司净息差与非利息收入占比

2. 实体经济投资回报率持续走低

自 2008 年全球金融危机爆发后，中国实体投资回报率、劳动生产率增速与全要素生产率均出现了趋势性的下降。中国工业企业利润同比增速在 1999—2007 年平均达到 37.55%，2011—2017 年已下降至平均 10.49%，2015 年出现 2.3%的负增长，如图 9.2.10 所示。全球情况也是如此，全要素生产率放缓，劳动参与率低，经济低迷甚至停滞。2007—2016 年 OECD 国家劳动生产率较金融危机前的 1995—2007 年下降 2 倍以上。进入 2017 年之后，国际经济社会环境也出现了剧烈变化，中美贸易战持续加码、土耳其等新兴市场国家汇率暴跌、叙利亚战争等一系列国际“黑天鹅”事件等使全球经济进入新一轮衰退的风险已然增加。中国经济面临内部去杠杆、外部贸易战的双重挤压，实体经济更加困难。

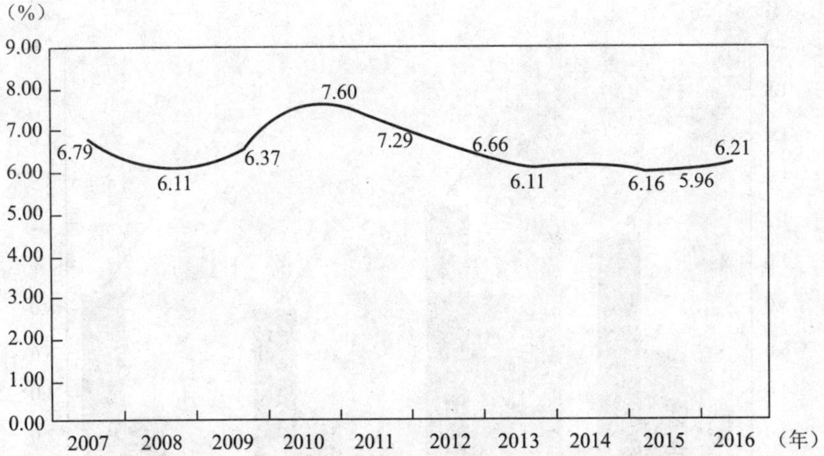

图 9. 2. 10　全国规模以上工业企业主营业务收入利润率

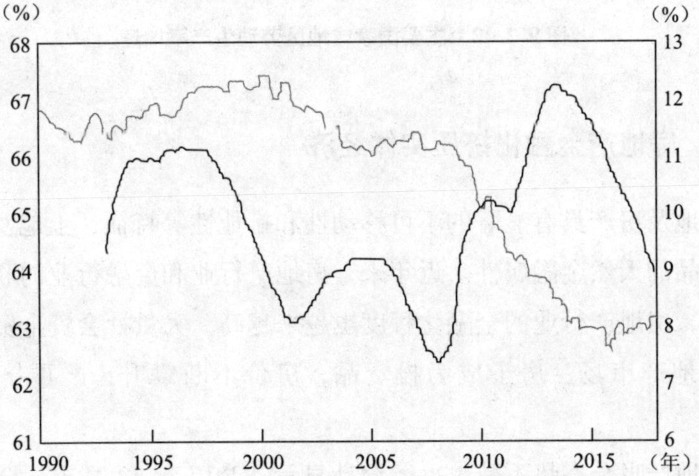

图 9. 2. 11　美国劳动参与率与欧洲失业率

资料来源：WIND、OECD、中国银行国际金融研究所。

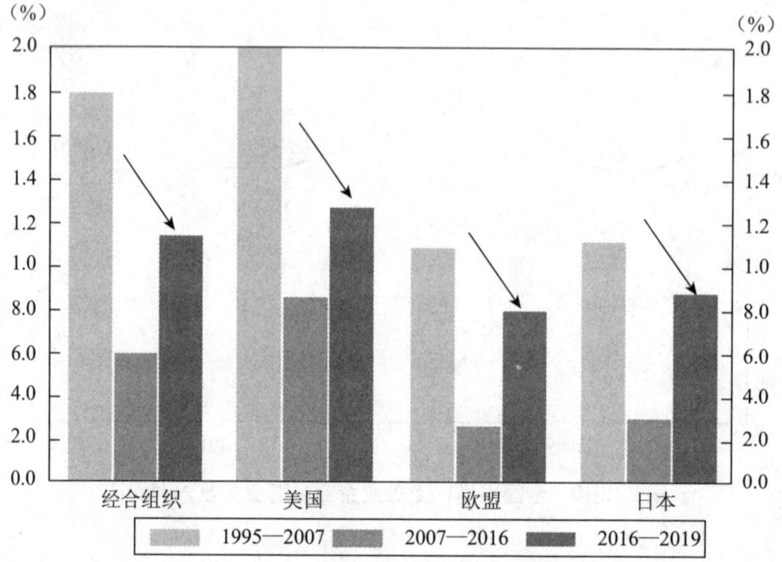

图 9. 2. 12　主要国家或地区劳动生产率增速

9. 2. 5　房地产金融化挤压实体经济

土地及房产具有显著的不可移动性和排他性等特征，土地及房产具有抵押品的天然金融属性。近年来，房地产行业和金融行业的联系越来越紧密，房地产行业的金融化程度也越来越高。大量社会资金资源被配置到房地产市场，房子成为投资品，房价不断攀升，严重挤压实体经济。

房地产吸金态势不减。央行统计显示，2017 年 12 月末，金融机构人民币各项贷款余额 120. 1 万亿元，人民币房地产贷款余额 32. 2 万亿元，占各项贷款余额的 26. 8%；房地产贷款全年增加 5. 56 万亿元，占同期各项贷款增量的 41. 1%。房地产业成为全社会最吸金的行业，占据全社会贷款余额的四分之一强，在房地产调控政策不断加码的背景下，仍有 41. 1%的新增贷款流向房地产，一些实体企业尤其是制造业企业难以支撑，要么退出制造业，要么搬到成本更低的东南亚等国家。

房地产成为投资品挤压居民消费。随着居民财富的不断增加，迫切需要找到财富保值增值的手段。当前我国居民投资渠道总体较为狭窄，过去二十年房价上涨了 20 倍，房地产成为名副其实的保值增值的投资品。在土地资源稀缺预期下，房地产又具有投资品的功能，全社会争相进行房地产的相关投资，投资投机资本疯狂炒作。在限购、限价政策背景下，许多城市上演摇号买房、一房难求的闹剧。房地产作为投资品以及房价不断攀升的结果就是居民负债和家庭杠杆的不断攀升，2010—2017 年，中国居民储蓄存款增长从 16%下降到 7. 7%，家庭债务占 GDP 的比重由 33%大幅上升至 49%，2017 年末居民债务余额达到 40. 5 万亿元，其中个人住房贷款余额 23. 8 万亿元，占 58. 8%。在 2007 年的时候，我国居民部门的债务率还不足 20%；美国居民部门债务率从 20%提升到 50%以上用了接近 40 年时间，而中国用了不到 10 年，我国居民部门杠杆率飙升速度之快可见一斑。居民负债和家庭杠杆不断攀升的后果是居民消费形成挤压。2018 年中美贸易摩擦和经济去杠杆叠加，中央要求把加快调整结构与持续扩大内需结合起来，保持宏观经济平稳运行，居民加杠杆会有利于经济短期回升，但居民消费最终会被高房价拖累。

房地产企业向金融业延伸。房地产业作为资金密集行业，对资金需求巨大，出于解决资金需求以及谋求金融业高额回报的考量，房地产企业纷纷涉足金融业，参股控股银行、证券、保险、信托、基金，成立产业基金、并购基金，实现负债多元化；与此同时，房地产开发企业的盈利模式从“产销模式”改变为“资管模式”，进行资产证券化，借助 ABS、MBS、CMBS、REITs、类 REITs、私募基金等金融平台，实现轻资产、高周转，提高资产流动性，房地产企业正在搭建复杂结构化金融体系。

9.3 中国产业金融发展政策建议

9.3.1 打通金融服务“主动脉”

1. 降低金融“脱实向虚”的内生动力

实施“锁短放长”货币政策。从美国经验来看，为应对金融危机，美联储打破以往只针对货币市场产品操作的惯例，把长期债权当成货币操作工具，向金融市场注入长期流动性，促使更多的金融资源转化为资本，以期实现两大目标：其一是推动美国实体经济复苏，通过“再工业化”推动美国经济增长和转型；其二是推动资本市场，尤其是股权资本市场上涨，让股权融资有效平衡实体经济和金融机构的债务率，消除经济杠杆过高而呈现的经济和金融风险。从政策的实际效果来看，连续8年的“扭曲操作或锁短放长”，助推了美国“资本金融”不断扩张，美国股市连涨8年之后，不仅使美国经济和金融杠杆率回到正常状态，而且推动了美国实体经济良性发育，率先走出金融危机①。可以借鉴美国应对金融危机的货币政策，继续通过定向降准、中期借贷便利、抵押补偿贷款等工具，适度增加中长期流动性供给，进而增加真实有效的基础货币投放，促进资金流入实体经济。

适当时机终结利率双轨制度。推动利率双轨变单轨，我国利率市场化改革只差临门一脚。事实上由于货币基金、银行理财、结构化存款等的存在，已具备了利率并轨的基础和条件。但在美联储加息的背景下，取消存款利率上限，会带来利率的上涨，与我国经济发展周期不匹配，要选择合适的时机终结双轨制度。同时配合利率市场改革，需要进一步畅通货币政策的传导机制，提升国债发行频率和规模，合理安排国债发

① 钮文新．思考中国金融：缘何“脱实向虚”？如何实现“弃虚入实”？[J]．中国经济周刊，2017（22）．

行的期限结构，丰富国债期货品种，完善国债收益率曲线，提升国债的利率传导效率。

2. 完善政策性金融服务体系

提升政策性担保与再担保功能。发挥政策性担保和再担保的增信和风险分担功能，提升小微企业、初创企业获得银行贷款的可获得性，降低融资成本。我国各地虽然都建立了政策性担保和再担保公司，但发挥作用有限，担心出风险，担心国有资产流失，担心被问责，很多资金"躺在账上睡觉"。因此，要给予政策性担保和再担保公司市场化的激励和约束机制，适度提升风险代偿比例，鼓励创新业务模式，开展"投贷担"联动，提升风险分担功能。

加快设立各类风险补偿基金。针对解决中小企业、科创企业融资难的问题，中央及各级地方政府加快设立知识产权质押融资风险补偿基金、小微企业信贷风险补偿基金、融资担保风险分担基金等各类风险补偿基金，合理分担各类金融机构支持小微企业和创新创业的风险。

9.3.2　畅通金融服务"微循环"

充分发挥私募股权投资基金以及小额贷款公司、融资租赁公司等地方金融组织在服务创新创业、小微企业发展中的主力军作用，畅通金融服务毛细血管。

1. 大力发展 VC/PE

重视 VC/PE 的发展。我国已进入创新型经济时代，科技领域的创新创业活动十分活跃，但初创期企业投入大、成长的不确定性高，银行贷款等间接融资无法支持这类企业的发展。VC/PE 机构以市场化的筹资和项目筛选机制，构建了与创新创业企业收益共享、风险共担的风险收益对等机制，对于促进长期资本形成、支持创新创业具有不可替代的重要作用。因此，要高度重视 VC/PE 机构的作用，为行业发展提供良好的政策环境。

完善 VC/PE 税收政策。在当前经济下行，实体经济发展困难的背景下，要出台和制定有利于促进 VC/PE 机构发展的税收政策，鼓励社会资本投资实体、发现项目。VC/PE 既不同于银行等金融机构也不同于普通工商企业，要制定符合行业特征的单独的税收政策和征税办法。VC/PE 机构在投资完成之后，要对被投资企业进行大量的投后管理，通常的情况是投资人 30%的时间做投资，70%的时间做投后管理。VC/PE 机构理应享受国家给予高新技术企业、小微企业的部分税收优惠政策。在征税方式上，VC/PE 机构投资的企业有成功也有失败，而且失败居多，因此，应该将成功项目的收益抵减失败项目的成本后再进行征税。

大力发展 PE 基金二级市场。PE 基金二级市场是指 PE 基金份额所投公司股权的交易场所。加大发展 PE 基金二级市场的发展对于平抑风险、增强流动性具有重要意义。一方面，要加快搭建全国性 PE 基金二级市场交易平台，完善相关交易规则和制度；另一方面，大力支持 PE 二级市场基金的发展。

2. 鼓励地方金融组织发展

把地方金融组织纳入国家监管体系。对金融活动，要按照技术中立原则、实质重于形式以及“穿透”的原则，关注金融业务本质，根据其是否实质上向不特定人群筹集资金或吸收存款，是否实质上从事了证券发行、投资咨询和资产管理等业务，进而判断其是否需要纳入监管以及所需申领的牌照类型和适用的监管规则，确保同类的金融业务实行统一的监管标准，以维护公平竞争的市场环境。建议将小额贷款公司、融资担保公司、区域性股权市场、典当行、融资租赁公司、商业保理公司、地方资产管理公司以及投资公司、农民专业合作社、社会众筹机构、地方各类交易所等纳入国家监管体系，同一业务实施统一监管标准。同时，按照金融业务属性、业务模式、经营规模、风险水平和系统重要性程度，在不同机构的业务准入、创新方面，采取分级分类的监管方式，避免一刀切，提高监管效率。对于提供小金额、特定群体和人数有限群体的金融服务，应建立多层次、有弹性、有空间的监管体系，简化监管程序，避免其承担不恰当的合规成本。对风险投资类私募（天使、创投）、中小型投资顾问类私募实施豁免注册。

享受与金融机构同等待遇。全面放开地方城商行、农商行网点设置限制，放开中小微企业抵质押物的限制，把国家赋予大银行的用于支持中小微企业的专项政策足额给到地方金融机构，大银行不再承担支持小微企业的政治任务，实行错位发展。给予小贷公司和银行业同等税收政策，以及补充资本的渠道。

9.3.3　提升交易市场的服务功能

1. 提升股票市场支持实体经济水平

重视一级市场与二级市场的协调发展。我国资本市场长期存在着“重融资轻投资”的问题，各级政府都非常重视股票一级市场，关注企业 IPO 数量、IPO 融资规模等，认为一级市场是支持实体经济，而把二级市场视为炒炒股票、搞搞投机的活动，往往忽略股票二级市场的作用。事实上，股票二级市场和一级市场是唇齿相依的关系，没有二级市场就没有一级市场，二级市场流通证券的规模、结构和速度直接决定着一级市场证券发行类型、数量和方式。因此，要下大力气改革，深化行政审批制度改革，减少对微观活动的行政干预，推动交易场所的企业化发展，加大对中小投资者的司法保护，改善投资者结构，吸引更多国内外机构投资者参与，增强资本市场的投资功能。

积极关注二级市场的流动性。自 2016 年以来，中国股市基本上呈现出波动率低、投机性弱的特征，这一市场运行特征在 2017 年和 2018 年进一步加剧。而且越来越多的上市公司存在流动性不足，其表现就是日均成交量以及成交金额的持续降低。因此，要高度重视股票二级市场的流动性，在坚持“货币政策稳健中性”取向的同时，积极满足资本市场对流动性的合理需求。

稳妥发展金融衍生品市场。金融衍生品市场是金融市场成熟的重要标志，发达的金融衍生品市场对经济发展至关重要。从宏观的角度来说，发展金融衍生品市场可以显著提升金融市场的宽度和深度、优化资源配置效率；从微观的角度来说，金融衍生品市场能够为投资者提供规避风险、发现资产价格、对资产进行套期保值的金融工具。受历史原因的影响，我国对金融衍生品市场的重视程度是不够的，甚至将发展衍生品市场与金融风险画等号，发展的态度总体是偏保守甚至是限制的。因此，必须摆正对金融衍生品市场的认识，积极稳妥发展衍生品市场，为金融风险平滑、居民财富增值提供更多的渠道和工具。

2. 提升商品期货市场服务实体经济水平

提升商品期货产品供给。一方面，要支持期货交易所推出更多符合国家发展战略、符合实体经济发展需求又具备开展交易条件的期货、期权产品。另一方面，支持期货公司转型发展，在夯实创投经纪服务功能的基础上，大力拓展融资服务、资产管理以及风险管理等功能。

提升商品期货市场国际化水平。早在 2015 年国家就出台了《境外交易者和境外经纪机构从事境内特定品种期货交易管理暂行办法》，但目前，只有原油期货和铁矿石期货开始国际化试点。未来，一是要加快完善期货市场法律法规和管理体制，逐步与国际接轨；二是要进一步降低境外交易者和境外经纪机构从事境内特定品种期货交易的门槛，积极推出适合境外投资者参与的交易品种；三是支持我国期货交易、期货公司围绕“一带一路”建设积极“走出去”发展。

积极培育商品期货市场需求。加大期货知识、期货产品的宣传力度，提升全社会对商品期货市场的认识，引导企业、农户等利用期货工具管理风险、稳定经营。要注重发挥行业龙头企业、国有企业的作用，带动产业链上的中小经营主体参与期货市场。

3. 提升区域股权交易市场功能

支持区域股权交易所创新发展模式。转变区域股权交易市场依靠收取挂牌交易费的发展模式，为挂牌企业提供融资服务、上市辅导、对接政府资源等增值服务，打造成为综合金融服务平台。依托股东资源和项目资源优势，设立私募投资基金，对优质挂牌企业开展股权投资、并购投资，获取资本增值收益。地方政府可以设立直投基金、股权质押增信基金，对私募股权投资机构所投资的挂牌企业进行跟投，对挂牌企业股权质押贷款进行增信，提升企业挂牌、私募基金以及银行等金融机构参与区域股权交易市场的积极性。

出台促进区域股权交易市场发展政策。从全国层面出台促进区域股权交易市场发展的相关政策，借鉴“新三板”的发展经验，在区域股权交易市场建设初期，涉及的税收政策，可以比照上市公司投资者的税收政策处理；涉及外资政策的，可以比照交易所市场及上市公司相关规定办理。

设立全国统一的监管标准。加强区域性股权交易市场规范化建设，设立全国统一的监管标准，明确规定企业挂牌标准、交易制度及信息披露等要求，促进区域交易场所的健康发展。

9.3.4　金融创新包容审慎监管

1. 包容审慎对待金融创新

各行业进行创业创新对于中国提高经济效率十分重要，金融行业也不例外。要在防范金融风险的同时，鼓励金融机构利用互联网、大数据、人工智能、区块链、云计算等科技创新手段，提供丰富、便利、高效、低成本的金融服务，助力实体经济发展。面对金融创新，要给予包容审慎性监管，跳出要么放任不管，要么一棒子打死的怪圈，要对金融创新实施包容审慎性监管，在鼓励创新与有效监管之间寻求动态平衡。包容审慎性监管就是在新兴业态尚未成熟前，采用原则性监管、窗口指导、监管沙盒等，在风险可控的前提下、在一定区域范围内开展应用试点、产品实验，更多依赖市场的竞争机制以及行业协会等自律制度，让新兴业态在运作中找寻到最优模式。

2. 加强监管科技应用，提升监管能力

加强监管科技研发与应用。随着金融科技的蓬勃发展，金融的商业模式不断创新变化，金融的风险场景和风险特征也将发生显著变化，监管部门要通过监管科技来应对金融科技的发展。监管部门要运用大数据、云计算、人工智能等技术，能够很好地感知金融风险态势，提升监管数据收集、整合、共享的实时性，有效发现违规操作、高风险交易等潜在问题，提升风险识别的准确性和风险防范的有效性。

建设金融大数据管理中心。数据的缺口导致监管者无法及时识别风险、评估风险，以及制订危机解决方案的重要原因。要推动各级政府部门、金融系统、第三方中介机构对各方掌握的原始数据资源进行清洗、处理、整合与共享，建设政府主导的跨行业的数据信息公共基础设施平台，打破不同地区、不同子行业、不同监管部门、不同金融机构之间的数据壁垒，形成标准化的数据报送体系，为监管科技运用奠定基础。

3. 提高监管政策的系统性

积极开展金融监管的前瞻性研究。监管部门要加强对大数据、区块链、人工智能、虚拟现实、生物技术等主流和热点技术应用开展前瞻性研究和战略部署，提升对金融科技创新风险特征和运行规律的把握水平，尽早开展顶层制度设计。

提升金融监管政策的系统性。打破金融监管政策的部门化、碎片化，加强金融政策的整体性、协调性和连贯性，提前修补政策漏洞，减少在紧急状态下出台的一些仓促的、粗糙的监管措施或者政策条款。相机抉择型金融政策虽然有助于更加灵活地影响经济主体，但却容易陷入“失之毫厘谬以千里”的困局。

第 10 章　济南推动产业金融发展的新探索与新贡献

10.1　济南明确产业金融中心的功能定位

10.1.1　济南将建设怎样的产业金融中心

2016 年，济南明确提出区域金融中心要聚焦产业、聚焦区域、聚焦政策，突出济南特色，实现错位发展，努力将济南建设成为“具有全国影响力区域性产业金融中心”。

• 济南产业金融中心将以金融服务实体经济发展为根本出发点，着力探索产业与金融良性互动、协同发展的模式和途径，大力发展产业基金，汇集国内外大量产业资本，引入和培育一大批国内国际优秀产业基金管理机构，形成具有全国影响力的产业基金及产业基金管理机构集聚中心。

• 济南产业金融中心以金融创新和金融改革为着力点，大力推进金融产品、金融服务、金融市场、金融组织、金融制度、金融业态等金融创新，积极支持企业发起成立股份制和互助制产业金融机构，构建起投贷联动、信用增进等符合产融紧密结合要求的体制机制，积极申请国家“产业金融创新发展试验区”，率先在金融服务产业和实体经济发展方面走在国内前列，增强济南区域金融中心的国家战略地位和创新先锋作用。

• 济南产业金融中心以要素市场建设为切入点，大力发展股权、金融资产、农村产权、知识产权、农产品等各类要素交易市场，促进各类生产要素和产业资源高效流转，有效满足实体经济的金融需求，提升济南金融对山东省及全国的辐射和带动能力。

• 济南产业金融中心以金融开放为结合点，把握国家实施“一带一路”和人民币国际化战略、中韩自贸区建设等机遇，发挥济南区位和省会优势，大力加强与韩国、日本、台湾、新加坡等东亚国家和地区的金融合作，积极争取韩日各类金融机构入驻济南，推进济南金融要素市场与韩日金融市场对接，大力提升济南区域金融中心的国际化水平和影响力。

• 济南产业金融中心以金融生态环境建设为支撑点，加强社会信用体系建设，培育一批在国际国内具有市场影响力的信用征信与评级机构，建立健全金融监管体制机制，优化金融法治环境，把济南建设成为全国金融安全佳地。

10.1.2 济南产业金融中心定位的由来

将济南金融中心定位为“具有全国影响力区域性金融中心”主要基于如下几个方面的考虑：

1. 有效满足区域庞大金融需求

山东地处黄河下游，东临黄渤海，是我国由南向北扩大开放、由东向西梯度发展的战略节点，在全国发展大局中具有重要地位。山东省是全国第三经济大省，2017 年 GDP 达到 7.27 万亿元，对全国 GDP 的贡献率达到 8.79%；全社会累计固定资产投资 5.42 万亿元，在全国 31 个省市自治区中排名第一，“十三五”全社会累计固定资产投资将不低于 30 万亿元。山东省正处于新旧动能转换、经济转型升级的关键阶段，2018 年 1 月国务院批复的《山东新旧动能转换综合试验区建设总体方案》，以及山东省出台的《山东省新旧动能转换重大工程实施规划》等政策文件明确提出，要壮大发展新一代信息技术、高端装备、新能源新材料、现代海洋、医养健康5大新兴产业，培育一批引领行业发展的龙头企业，把山东打造成新兴产业发展的策源地和集聚区；提升发展高端化工、现代高效农业、文化创意、精品旅游、现代金融服务5大优势产业把传统优势转化成品牌优势和竞争优势。这些产业发展投融资需求巨大，亟须创新金融支持产业发展方式。济南也面临着“十大千亿产业”打造等重大任务，“十三五”时期围绕经济发展、城乡建设和民生改善，将规划重大建设项目370个，预计总投资1.5万亿元，“十三五”将投资1.2万亿元。仅仅依靠传统金融以及产业的常规有机增长很难实现跨越式发展，需要依托济南产业金融中心建设汇集国际国内资本、创新产业金融发展机制、支持重点产业突围发展，进一步提升山东省在全国的经济地位以及省会城市群的发展能级。因此，将济南区域金融中心的功能定位为产业金融中心具有更强的现实基础。

2. 谋求差异化发展与错位竞争

如今，我国的大中城市都已经认识到金融业发展的重要作用，提出建设区域金融中心的城市有三十多个，区域金融中心建设已经面临十分激烈的竞争局面。济南所处的环渤海和黄河中下游地区，既有北京、天津两个全国性的金融中心，也有正在积极打造的郑州、石家庄、青岛等区域性金融中心。济南在区域金融中心的竞争中要充分结合自己的发展实际，实现特色化、差异化、品牌化发展。山东省提出要“建设济南区域金融中心和青岛财富管理中心”，济南的定位要与青岛实现差异化发展，在功能上要形成互补和支撑。济南提出建设“具有全国影响力的产业金融中心”与青岛的财富管理中心发展侧重点不同，前者的重点是金融与实体经济的互动发展，后者关注的重点是金融窖藏即在虚拟经济中实现财富增长，二者具有一定程度的互补性。而且，国内尚未有城市明确提出建设“产业金融中心”的定位，济南可以独树一帜。

3. 高度契合国家战略定位

近年来，随着我国金融业的快速发展，资金在金融体系自我循环和膨胀，金融“脱实向虚”趋势增强，金融对实体经济的挤压风险加大。党的十九大报告和2017年全国金融工作会议均强调，要深化金融体制改革，优化金融结构，防范金融风险，增强金融服务实体经济能力。党的十九大报告还强调要加快建设实体经济、科技创新、现代金融、人力资源协同发展的现代产业体系。国务院及中央部委不断出台政策促进金融支持经济结构调整和转型升级、促进“三农”和小微企业发展以及缓解企业融资成本高等问题。济南提出建设“具有全国影响力产业金融中心”的定位与国家“金融支持实体经济”的战略高度契合，而且已经得到国务院的支持与认可，2018年国务院批复的《山东新旧动能转换综合试验区建设总体方案》明确提出“支持济南开展金融服务实体经济改革创新”。

4. 顺应金融双向开放大势

目前，中国对外开放的战略内涵发生重要转变，由“对外开放”转变为“双向开放”。随着“一带一路”建设的深入推进，人民币资本项目的有序开放，金融双向开放将进入快速发展的新阶段，为国内金融机构开展国际化业务与外资金融机构进入国内市场将提供广阔的发展空间。2018年习近平总书记在博鳌亚洲论坛宣布了中国在扩大开放方面将采取的系列新的重大举措，重点强调了金融领域的对外开放。济南要积极抓住金融双向开放的历史机遇，集聚全球范围内的产业金融资源，积极布局国际业务，提升济南区域金融中心的国际影响力。

10.1.3　济南产业金融中心的功能特征

为济南城市建设和产业发展提供有效金融服务是济南产业金融中心建设的出发点，也是目的地，在这一过程中唯有打造良好的金融生态环境，为金融资本提供良好的回报预期，才能吸引区域乃至全国、全球产业金融资本向济南集聚，在服务济南本地市场的过程中，逐步做大做强自己的产业金融产业，一方面可以向区域乃至全国、全球提供有特色的产业金融服务，另一方面进一步促进区域乃至全国、全球金融资源向济南集聚，更好引领济南城市建设和产业发展。因此，济南产业金融中心建设需要突出“四大功能”，即突出产业金融中心对产业发展的引领功能，对城市建设的支撑功能，对要素市场的枢纽功能和优良金融生态对全国区域金融中心的示范标杆功能。

1. 产业发展引领功能

金融中心功能与产业发展的逻辑关系是金融中心通过价值挖掘、价值实现、资本增值等功能的发挥引领产业的高端化发展，产业高端化发展诱发多元化的金融需求和金融创新，而金融的不断创新会促进金融中心功能的提升，如图 10. 1. 1 所示。济南在“四个中心”的建设过程中，金融中心建设是破局的关键。因为对于一个城市来说，金融不发展实体经济就很难实现大发展，金融发展得好，实体经济一定会有大的飞跃。在市场经济条件下，资本作为强要素掌握着资源的配置，资本总是以最敏锐的嗅觉发现获利的方向与空间，决定着资源配置的方向、资源配置的比例、资源配置的总量。济南区域金融中心要发挥引领功能，在

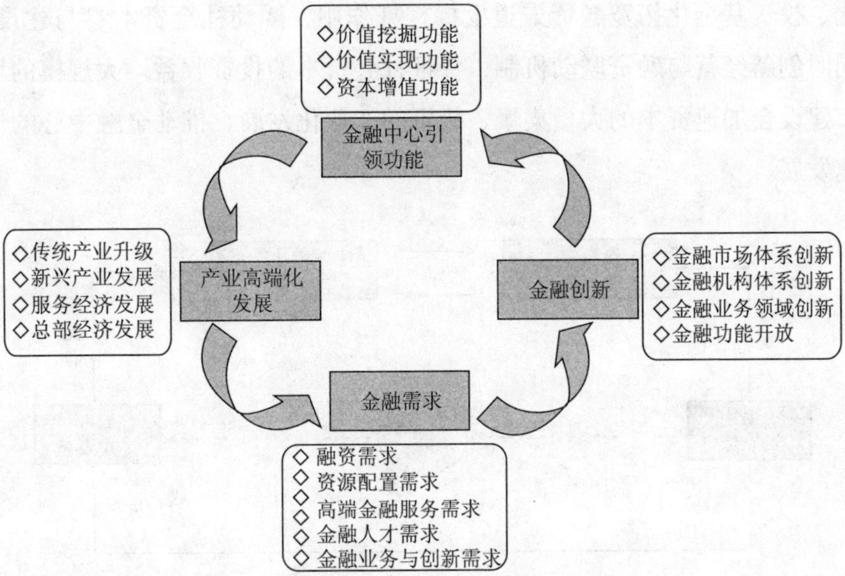

图 10. 1. 1　金融中心功能与产业发展的逻辑关系

“四个中心”建设中发挥“核心指挥”和“大脑支配”功能，在引领、服务其他三个中心建设过程中实现自身功能的提升。通过物流金融引领物流中心建设，通过科技金融引领科技创新中心建设，通过创新金融供给引领传统产业的升级和新兴产业的培育。

2. 城市建设支撑功能

加快城市开发建设是“十三五”乃至更长时间济南发展的必然选择。基础设施建设是济南城市开发建设的重中之重，包括济南的重大基础设施建设以及省会城市圈经济群基础设施的互联互通。目前，济南基础设施建设主要的主要资金来源是财政投入、银行贷款、发债等。未来，庞大的基础设施建设资金需求仅仅依靠捉襟见肘的财政收入是无法满足的；而从债务风险角度考量，不允许也不可能大规模发债筹集资金。因此，大规模的基础设施建设仅仅依靠政府的力量是不够的，要让社会资本参与其中。但是基础设施建设周期长、投资回收期长，同时还要兼顾公益性，社会资本必须得到市场化的回报才有参与的积极性。未来大规模的基础设施建设要充分发挥金融的支撑功能，通过资产证券化、投资基金化拓宽融资渠道发挥杠杆作用，撬动社会资本参与建设，同时创新经营与融资联动机制，保证社会资本的投资收益。大规模的城市建设会加速资本的大量集聚、投资的产业化发展，推动金融中心的快速发展。

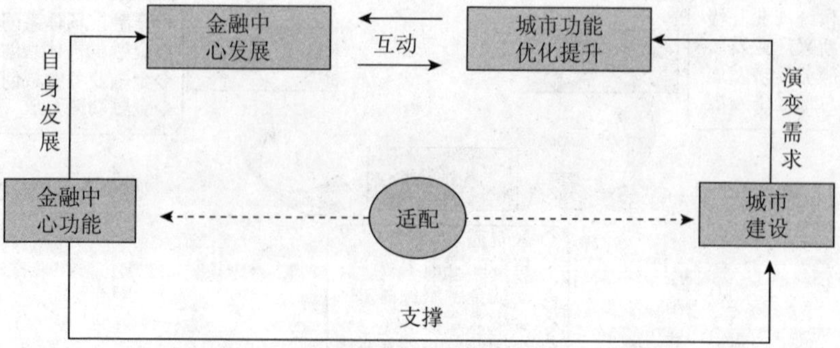

图 10.1.2　金融中心功能与城市建设的互动关系

3. 要素市场枢纽功能

济南是京沪、京九等中国南北大动脉的重要节点，是山东半岛与省外联结的重要门户、省会经济圈城市群的核心，是山东省乃至全国重要的交通、信息枢纽，是能源、基础原材料、工业产品和农副产品的重要集散地和中转站。人流、商流、资本流以及信息流的汇聚为金融中心建设提供了得天独厚的优势条件。通过各类新型要素交易平台的搭建，发挥金融中心对要素资源的集聚功能，完善重要商品、服务、要素、各类产权价格形成机制，激活要素市场、促进公平交易，降低流通成本，提高生产要素获取的便利性，将使市场的集聚效应发挥到最佳。

4. 金融生态示范功能

金融生态圈是金融系统各组成部分及其赖以生存的生态环境。良好的金融生态圈是打造“资金洼地”的基础条件，是决定资本流向的核心因素，是构筑金融发展“高地”的重要保障，有利于生态系统各活动主体实现共赢，这对金融中心建设至关重要，也是金融中心重要的功能体现。济南区域金融中心金融生态基础良好，2015 年末，济南市银行业不良贷款率仅为 0.71%，而全国商业银行不良贷款率为 1.67%，大

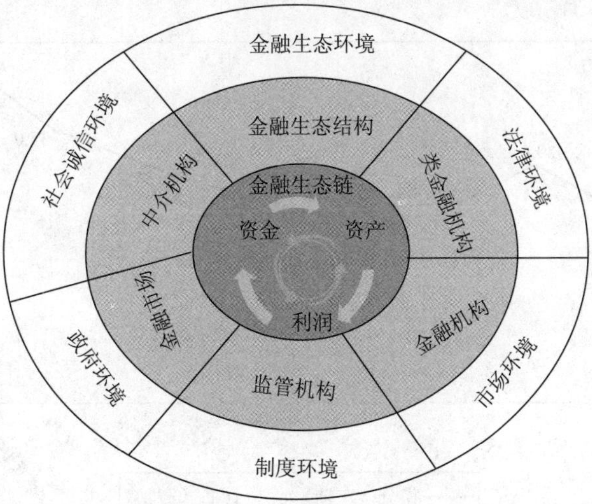

图 10.1.3　金融生态圈的构成

大低于全国平均水平；深受儒家文化熏陶，守诺言、讲诚信的鲁商文化赢得了很好的口碑；山东省率先在全国出台《山东省地方金融条例》，探索开展分层监管。正所谓“良禽择木而栖”，济南通过打造金融生态示范样本，提升区域金融中心影响力，助力金融资源集聚，成就金融中心发展。

10.2 济南产业金融中心影响力全方位攀升

10.2.1 综合实力全国第十五、北部沿海第二

中国（深圳）综合开发研究院编制的第 10 期中国金融中心指数（CDI CFCI）显示，近年来，济南金融中心综合竞争力稳步提升。济南金融中心综合竞争力排名由 2013 年的第 20 位上升到 2018 年第 15 位，综合竞争力得分由 24.6 分提升至 41.2 分，得分累计增幅达到 67%，如图 10.2.1 所示。在北部沿海地区金融中心城市中，济南排名第 2 位，排在青岛、石家庄等城市之前。

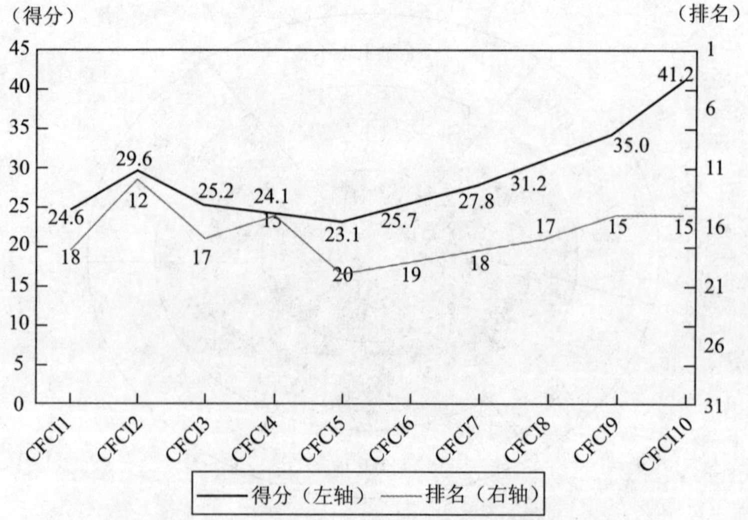

图 10.2.1 济南金融中心综合竞争力历次得分与排名

10.2.2 金融产业绩效发展突出

从金融产业绩效横向比较来看，济南在金融深度和金融宽度两项指标具有比较优势，如图10.2.2所示。金融产业绩效在全国排名第12位，在副省级城市排名第7位，如图10.2.3所示。

2017年，济南金融业增加值776.01亿元，同比增长4.7%，近三年保持较快增长，年均增速达到10%，金融业增加值副省级城市排名第8位；金融业增加值占GDP比重为10.8%，北部沿海区域排名第1位。

2017年末金融机构本外币存款余额达到16560.6亿元，同比增长6.6%；金融机构本外币贷款余额达到14350.3亿元，同比增长9.6%；存款余额、贷款余额以及本地证券交易量占GDP比重分别为229.9%、199.3%和141.4%，均远高于区域中其他3个中心，同期三项指标区域平均水平分别为178.6%、159.4%和104.1%。

2017年全年保费收入381.1亿元，赔付支出88.7亿元；年末保险深度达到5.29%，保险密度达到人均5205.43元（常住人口统计口径），保险密度排名位居区域第1。

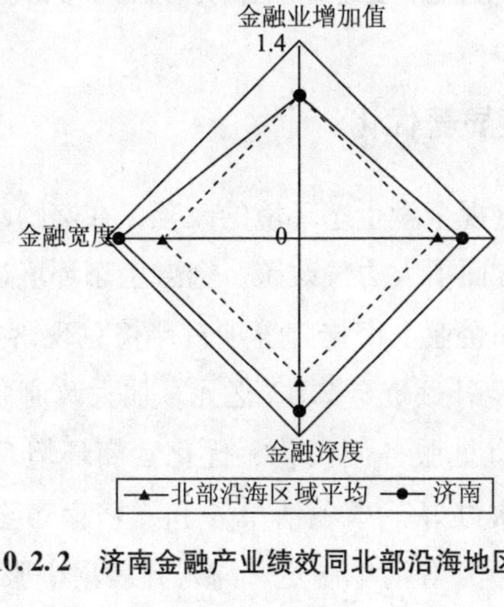

图10.2.2 济南金融产业绩效同北部沿海地区平均水平的比较

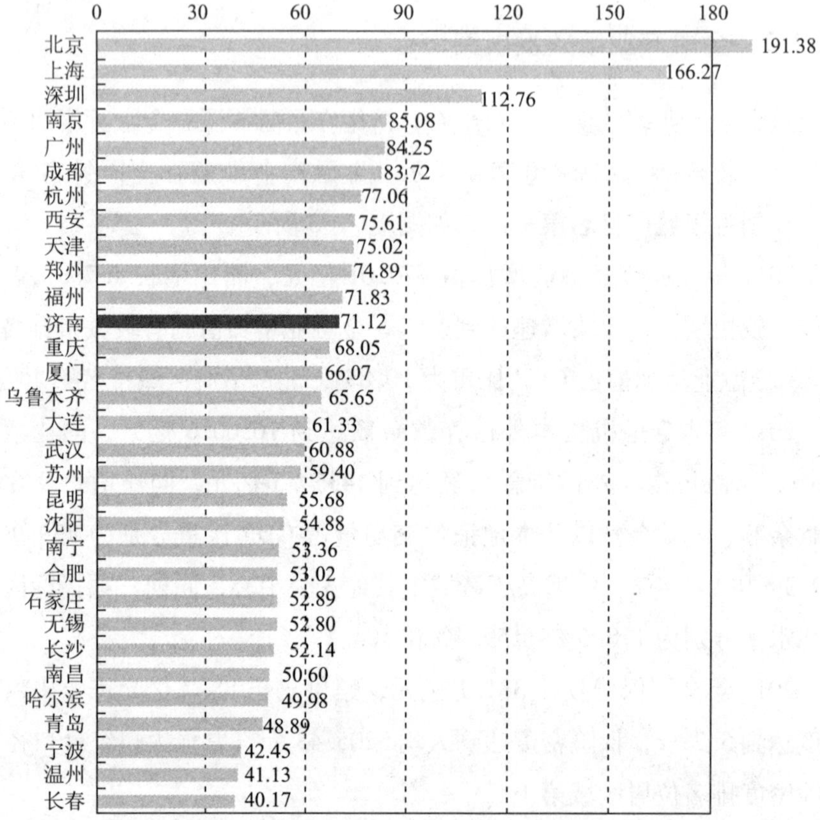

图 10.2.3　济南金融产业绩效同全国其他金融中心比较

10.2.3　金融生态环境显著优化

近年来，济南高度重视金融生态环境的改善，在奖励政策兑现、金融放管服、金融监管等方面下大力气改善，金融生态环境显著优化。对新引进的各类金融机构和企业上市挂牌等项目严格兑现落实“金九条”扶持政策，2017 年共核定补贴资金 2.42 亿元。加大政府职能转变和简政放权力度，深入推进审批服务便民化、优化营商环境，完成《济南市金融办行政权力“一次办好”事项清单》和《济南市金融办公共服务“一次办好”事项清单》等清单制定。深入开展集中服务企业活动，领导深入基层，帮助企业解决实际问题。

2017 年，济南金融生态环境在 31 个城市中排名第 22 位，在北部沿海地区排名第 3 位，在金融人才环境和金融商业环境的个别方面区域领先，如图 10. 2. 4 和图 10. 2. 5 所示。

济南拥有 42 所普通高等学校，在校人数为 55. 1 万人，在校学生数为区域排名第 1。每万人公共图书藏书量为 1. 78 万册，为区域最高。人均医院床位数和执业医师数均是北部沿海区域最高水平，2016 年分别达到每万人 61. 56 张和 47. 54 人，远超过区域内其他中心。在社会保障方面略高于区域平均水平。值得一提的是，2016 年济南住宅房价收入比仅为 3. 75，是区域中最低的，生活成本反而较其他三个区域中心更具优势。

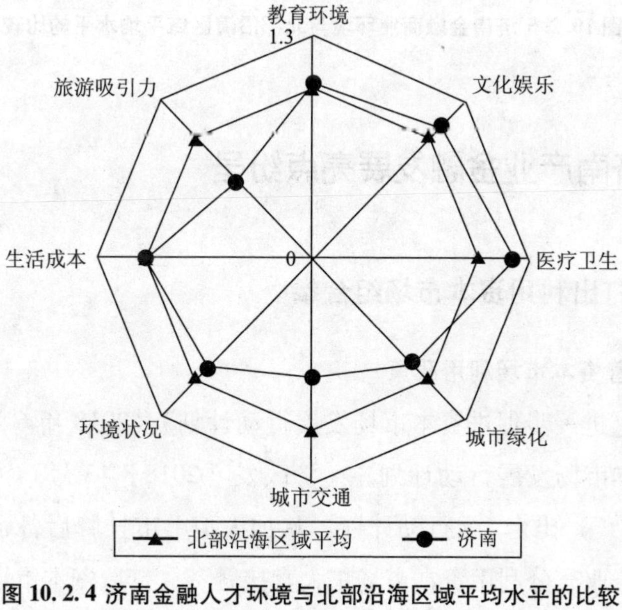

图 10. 2. 4 济南金融人才环境与北部沿海区域平均水平的比较

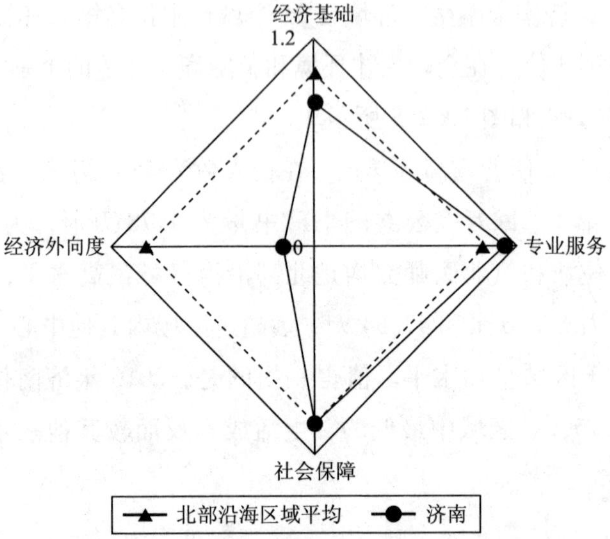

图 10.2.5 济南金融商业环境与北部沿海区域平均水平的比较

10.3 济南产业金融发展亮点纷呈

10.3.1 打出利用资本市场组合拳

1. 完善资本市场利用政策

出台《进一步促进资本市场发展行动计划》。2018 年 6 月，《进一步促进资本市场发展行动计划》（济政发〔2018〕13 号）（以下简称《行动计划》）出台。《行动计划》从加大拟上市挂牌后备企业支持力度、引导企业充分利用资本市场扩大直接融资、打造资本市场产业集聚区、培育壮大要素市场四个方面提出了详细的工作任务，推出了一系列的扶持政策，充分发挥资本市场对“四个中心”建设和经济社会发展的支持作用。《行动计划》无论是在政策系统性、政策覆盖面上，还是在政策力度、保障措施等方面都有了极大的突破，有针对性地满足各类型、各发展阶段、各规模企业的规范融资需求，积极创新扶持内容和扶持方式。比如，从规模企业规范化公司制改制阶段入手，加大扶持力度，夯实上市后备企业力量；为企业规范改制、上市、挂牌过程中所需各项政府服务提供绿色通道。

2. 精准对接主动服务

开展企业规范化改制夯实上市后备资源。积极落实山东省政府规模企业改制“五年行动计划”，并作为重点工作来抓，完善改制政策，细化推进措施，2017 年共有 319 家企业完成改制，累计达到 937 家，完成了纳入改制全部 2474 家企业的 37.9%，壮大了上市后备资源。

大力开展资本市场利用宣讲培训。紧紧围绕利用多层次资本市场、扩大直接融资，举办各类政策宣讲会、培训会，解读政策、剖析实务、解构案例，提升企业对资本市场的认识和利用水平。2018 年 5 月 25 日，举办企业融资服务网络系统推介暨资本市场政策宣讲专题会。2018 年 5 月 24 日，举办 2018 国际多层次资本市场研讨会，推动济南企业走向国际多层次资本市场。2017 年 8 月，市金融办联合鲁证期货股份有限公司举办期货市场服务实体企业培训会，普及期货衍生品、创新创业公司债券基础知识，提升对衍生品市场和债券市场的认识。2017 年 7 月，召开创新创业公司债券融资座谈会，三板挂牌企业、证券公司等就债券发行需求、发行政策开展研讨，鼓励企业利用创新创业公司债融资。

3. 创新利用区域股权交易市场

直投基金推动多方投贷联动。2017 年山东省财政出资设立省级引导基金直投基金对在区域股权交易中心挂牌的科技型、创新型企业给予股权支持。对于直投基金投资的挂牌企业不能按期偿还的银行贷款本金，省级政府引导基金可按 20%的比例代偿，并相应转为对项目企业的股权投资。直投基金已向 77 家在区域股权交易中心挂牌的企业实施股权投资 2.2 亿元。直投基金的设立不仅吸引股权投资机构加大对已挂牌企业的资金支持，而且吸引大量中小企业到区域股权交易中心挂牌融资。目前，山东齐鲁区域股权交易中心已有挂牌企业 5078 家，成为全国第三大区域股权交易中心，储备了一大批可以走向全国资本市场的后备企业。

全国首创股权质押增信基金。2016 年末，山东省在全国率先设立总规模 10 亿元的股权质押融资增信基金，为齐鲁股权交易中心挂牌及托管企业申请银行贷款提供增信服务。依托增信基金，建设银行山东省内首单“上市贷”、齐鲁股权交易中心首单“小微成长计划”、齐鲁股权交易中心首单“小微成长计划”等融资项目落地。

10.3.2 精准发力金融支持新旧动能转换

1. 加速构建政策融资担保体系

融资担保公司作为为企业增信和为银行分险的金融机构，对缓解中小企业融资难、促进中小企业和地方经济发展的作用十分显著。依据《山东省人民政府关于贯彻国发〔2015〕43 号文件促进融资担保行业加快发展的意见》（鲁政发〔2016〕11 号）文件要求，各区、县政府积极增资或设立政策性融资担保公司，实现政策性担保公司区、县全覆盖。加强与山东省担保集团、山东省再担保集团合作，积极构建省、市、区三级政策性担保和再担保合作模型。

2. 引导基金撬动新旧动能转换

以政府引导基金为抓手，引导和撬动社会资本投资实体企业，推动新兴产业和高新技术产业快速发展，支持中小微企业健康发展，增强经济发展新动力。济南市政府发起成立了总规模不低于 2500 亿元的济南市新旧动能转换基金。基金采取政府引导基金、母基金、子基金三级联动投资架构。其中，第一级由市、县区财政出资 300 亿元设立新旧动能转换政府引导基金；第二级通过引导基金注资，吸引金融机构、企业和其他社会资本投资，并争取山东省新旧动能转换基金支持，形成不少于 1000 亿元规模的母基金群；第三级由母基金再通过投资参股若干子基金，撬动各类社会资本，利用 3~4 年时间，形成不少于 2500 亿元的基金总规模。2018 年上半年，管理政府引导基金的济南财金控股集团已参与 16 只产业投资基金组建，基金总规模 135.54 亿元，已完成对 66 家企业共计 68 亿元的投资，财政资金综合放大倍数 10 倍左右，引导放大效果显著。设立济南科技成果转移转化天使投资基金，初期规模为 1 亿元，促进科技成果转移转化。

10.3.3　大力提升金融监管水平

1. 严守金融风险底线

深入开展了防范非法集资集中宣传月、“金融卫士县区行”、老年志愿者活动等；创建了“泉城金融卫士”微信公众号；出台了《济南市非法集资案件举报奖励办法》，对群众举报非法集资行为予以奖励；联合律师事务所开通了“泉城金融热线”，全面提高了群众的金融风险防范意识，被评为全市创新创优项目，被全省作为典型推广，并得到国家处非办充分肯定；继续深化互联网金融风险专项整治，集中开展了比特币交易平台、“现金贷”平台等互联网金融风险专项整治。

2. 加强金融监管队伍建设

2017 年从党政机关选派 22 人赴金融机构和驻济金融监管部门进行了挂职交流，引领和带动党政机关干部队伍金融工作水平有效提升。2017 年 9 月，选派干部赴德国法兰克福参加实体产业与金融服务协调发展专题培训，借鉴德国产业金融发展的成功经验，提升干部的国际视野。2017 年 8 月，举办全市金融工作专题培训班，提升广大干部的金融知识和理论素养。

3. 推动行业自律组织建设

2017 年 7 月，成立济南市互联网金融协会，充分发挥行业自律作用，引导互联网金融从业机构规范有序发展。建立济南市互联网金融监管系统平台，实现对互联网从业机构平台的数据统计、监测预警、风险提示、信息发布等功能，为金融监管部门实现有效监管提供有力支持。

10.4 济南金融集聚区不断丰富

10.4.1 CBD——高端金融商务核心区

1. 发展概况

2015年5月15日，济南建设中央商务区（CBD）的构想被正式提出。济南CBD规划范围北起工业南路，南至经十路，东起奥体西路，西至华阳路，总面积约3.2平方公里。泛CBD规划范围，向东扩至奥体中路，向西扩至浆水泉路，总面积约6.7平方公里。济南市将举全市之力打造高标准CBD，使之成为展现山东经济大省形象的标志性区域。CBD将在中央位置建设五座高度在220~420米的地标塔楼，体现济南城市“山、泉、湖、河、城”五大特色。CBD作为济南产业金融中心的核心集聚区，国际金融城等7个预开工项目全部开工；绿地国际金融中心等11个续建项目进展顺利，其中历下金融商务服务中心等5个项目、210万平方米商务载体封顶，产业承载能力不断提升。

2. 特色亮点

总部金融加速集聚。中央商务区及辐射区内已引进金融机构近70家。未来五年，济南CBD将引进50家以上金融机构省级总部，100家以上世界500强和国内500强区域总部入驻，真正成为新金融名片，济南的“华尔街”。

打造“金融+”生态圈。中央商务区将在夯实传统金融的基础上，大力发展服务于现代农业、制造业与创新产业的金融业态，形成金融资本与实体经济良性互动的“金融+”生态圈。

图 10.4.1　济南中央商务区鸟瞰图

图 10.4.2 济南中央商务区夜景图

10.4.2　科技金融大厦——高端科技金融集聚区

1. 发展概况

济南科技金融大厦是省、市、区政府共同打造的山东省技术成果交易中心和山东省科技金融服务中心，致力于打通科技成果转化“最后一公里”，破解科技型企业融资难、融资贵的问题。科技金融大厦面向国内外引进高端科技金融服务机构、技术转移机构、科技中介机构等，已初步形成机构集中、业态集聚、政策聚焦的业态格局，积极打造具有济南特色的多元化科技金融生态体系和全要素科技成果转化生态体系，服务于科技型中小企业融资和成果转化。从 2017 年 7 月试运营以来，大厦聚集高端评估机构 4 家；科技成果转移转化机构和知识产权机构 12 家；政策性担保机构 4 家；科技合作银行 14 家；创投基金 10 只等 7 大类、50 余家高端科技服务机构和金融机构。

2. 特色亮点

打造科技金融创新服务体系。打造“创业投资+科技支行+政策性融资担保+风险补偿金”的科技金融服务合作机制，并在此基础上，创建“评估-担保-贷款-投资-交易”五位一体的科技金融创新服务体系。采取线上与线下结合、公益与市场结合、成果与资本结合、专业化运营团队和专业化服务机构结合的模式，向高科技企业提供全方位、多维度、全覆盖的服务。济南科技金融大厦运行一年以来，先后组织有规模的科技成果与融资对接会 8 次，成立基金 10 只，评估专利 100 项，为济南市 240 余家科技型企业提供担保贷款 3 亿元。仅 2018 年上半年，济南科技金融大厦合作银行已累计为科技型企业发放贷款 251 笔、金额 16. 76 亿元，有效地缓解了科技型企业融资难问题。

打造科技成果转移转化服务体系。山东省科技厅提出，以科技金融大厦为依托，省市共建“山东省技术成果交易中心”，承担科技成果转移转化中心与科技金融服务中心的职能，解决“转化难”和“融资难”的问题，共同引入第三方机构运营面向全省的服务，并筹备设立“山东省技术产权交易中心”。将各类科技资源和科技要素均纳入转化交易体系，对科技成果、知识产权、企业、人才、服务机构、政策、市场等资源要素进行汇聚和整合优化。

金融科技企业创新孵化体系。2017 年 7 月，微软济南金融科技企业孵化平台正式落户济南科技金融大厦，这是微软在中国布局的第一个金融类专业孵化平台。微软在区块链、大数据、人工智能等领域具有全球领先的技术优势，入孵该平台的企业不仅可享有免费的办公场地，还可享受由微软济南金融科技企业孵化平台为他们提供的投融资机构对接、创业导师培训、系统化创业培训等一站式零成本创业服务。

良好的公共配套设施。科技大厦配有综合服务大厅（政务洽谈、展示交易、活动发布）、科技支行、创业咖啡等公共服务空间，为创业者提供舒适、现代、便捷的公共服务。

图 10.4.3　济南科技金融大厦外景图

图 10.4.4　济南科技金融大厦综合服务大厅

图 10.4.5　济南科技金融大厦创新中心

10.4.3　汉峪金谷——打造国际科技金融中心

1. 发展概况

汉峪金谷是济南重点打造的国际科技金融中心，依托高新区的科技创新资源和现代金融产业资源，着力打造区域性金融创新与科技创新的承接大平台，承担起金融商务、总部办公、商业服务、科研办公等重要职能，在济南市区域性产业金融中心建设中发挥着人才聚集、资本聚集、科技聚集、研发聚集等关键作用。汉峪金谷已签约金融、类金融机构和企业总部 30 余家，兴业银行、招商银行、中国邮政储蓄银行、济南市银行电子结算中心、山东发展投资控股集团、山东省国投、铁投集团、中华联合财险、中国电建、晨鸣集团、山东广电、济南广电、山东高速轨交集团等金融及总部机构均已成功进驻，资本规模超千亿元。未来，汉峪金谷创造的产值将超 2000 亿元，利税将超 80 亿元。

2. 特色亮点

筑金巢引金凤。汉峪金谷踞守经十路黄金走廊，总投资约 260 亿元，规划占地约 670 亩，总建筑面积约 420 万平方米。它是一个复合型的金融中心项目，融 5A 写字楼集群、旗舰商业、总裁官邸、各类型酒店于一体，形成一个比肩一线城市金融中心，向世界开放的现代金融产业航母。2017 年 5 月，汉峪金谷着力打造的“互联网大厦”和“新金融大厦”投入招商运营，两栋被誉为“亿元楼”的楼体，现已汇集科技类、金融服务类、电子商务类、文化创意类企业数百家，聚集办公人员 7000 余人，为济南现代服务业形态升级、载体空间升级、发展环境升级做出了突出贡献。2017 年 11 月，汉峪金谷又一个产业园——“济南高新（国际）人力资源产业园”正式开园，旨在助力高新区人才集聚，为产业转型升级提供人才保障和智力支撑。

聚焦“两个融合”。汉峪金谷聚焦“产城结合”与“产融结合”，形成发展特色。产城结合，即以项目开发为依托，拓展产业发展空间，并以产业为驱动，实现城市更新。汉峪金谷既汇聚产业、企业、商务，又云集配套商业、休闲娱乐设施，甚至景观绿化、交通停车等都和产业环境有机融合，各类城市要素水乳交融，展现出一个能够自我生长、可持续发展的产城互动空间。产融结合，即实现高科技产业与金融的互动结合。汉峪金谷以“科技+金融”模式，着力发展产融联合业态，广泛吸纳产业金融资源，实现产业与金融良性互动，为上市企业和拟上市企业提供深层次金融服务，充分发挥金融对科技的强大助推作用，打造以科技产业为龙头的现代产业集群。

打造“五个平台”。在市区两级政府的支持下，汉峪金谷着力打造金融总部聚集平台、金融服务保障平台、科技产业创新平台、创新人才培育平台、现代商务服务平台五大平台，提供全方位、全生命周期金融服务。

优化服务软环境。为优化服务软环境，实现高端“智慧园区”管理，汉峪金谷着手启动“金谷通”APP，融合政府审批及政策查询、中介服务咨询、投融资渠道资源、企业项目交流等职能，打造为企业服务的多元化、智能化、全方位的共享发展平台。

图 10.4.6　汉峪金谷全景图

图 10.4.7　汉峪金谷夜景图

10.4.4　山东新金融产业园——股权投资机构集聚区

1. 发展概况

山东新金融产业园是山东省政府和济南市政府着力打造的区域新兴金融产业集聚区和重要功能区，重点引进股权投资、融资租赁等新金融、类金融机构。截至 2018 年上半年，产业园注册金融和类金融机构

140 余家，包括 90 余家股权投资机构，管理基金规模超 1200 亿元，累计对外直接投资 311. 45 亿元。2017 年，产业园重点企业实现营业收入 50. 49 亿元，实现税收 2. 68 亿元。2018 年上半年，产业园重点企业实现营业收入 40. 11 亿元，实现税收 1. 50 亿元。

2. 特色亮点

构建“公司+基金+项目”的招商引资模式。在引进股权投资企业落户产业园的同时，引导其投资的项目公司也落户园区，通过促进金融与实体经济有效结合，推进入驻机构积极参与省市新旧动能转换重大工程。另外，建立企业注册“绿色通道”制度和“一站式”招商引资服务模式，协调市场监管部门，帮助企业办理工商核名、注册手续，提高入驻效率。

打造产业园投融资服务平台。围绕股权投资产业“募、投、管、退”等环节的痛点，为入驻机构提供全方位优质服务。建设产业园投融资服务平台，项目库、投资人库、信用查询、政策法规等子平台已上线运行。

图 10. 4. 8　山东新金融产业园全景图

图 10.4.9　山东新金融产业园一隅

10.4.5　鑫苑金融大厦——民间资本支持创新创业试验区

1. 发展概况

鑫苑金融大厦，由历城区政府斥资约 3.56 亿元整体购买，历城区金融办负责招商运营的 3.3 万平方米的楼宇载体，成为全省民间资本支持双创试验区的擎领地。作为全省双创试验区的发展核心，这也是全市首个由县区金融办招商运营的楼宇载体。目前大厦共入驻企业 60 余家，注册登记 90 余家，金融业态丰富，包括证券、保险、期货、保险经纪和代理、民资、物流金融、投资、基金公司等省级金融机构总部 6 家、市级机构总部 3 家、省级非机构总部 5 家，签约入驻率达到 100%。

2. 特色亮点

打造民间资本集聚高地。稳妥发展地方金融组织，积极引进消费金融、融资租赁、互联网金融、民间资产管理公司等新型金融机构，打造金融机构及民间资本集聚高地。策划基金小镇、上市挂牌孵化器、中小企业金融服务示范区等多个金融聚集载体，园区建设呈现阶梯发展格局。

建设上市企业孵化产业园。上市企业孵化产业园通过“服务链+资金链+资本链”的创新服务模式，为企业提供一站式共享服务、一站式政府补贴申请服务、一站式资本运作服务，让入驻企业插上资本的翅膀，进入良性发展循环。

开创区金融办直接运营楼宇载体新模式。鑫苑金融大厦是由历城区金融办直接负责招商运营，在全国进行开创性探索，招商引资效果显著。成立专门金融招商工作办公室，为重点金融项目实行审批服务代办制，建立服务台账，2017 年金融招商项目达 49 个。

图 10.4.10　鑫苑金融大厦

图 10.4.11　历城上市企业孵化产业园

10.5 济南国际交流合作成果丰硕

10.5.1 产业金融国际论坛影响广泛

成功举办中国（济南）产业金融国际论坛（2017）。2017年11月，高标准举办了中国（济南）产业金融国际论坛（2017），发布了国内首个“产业金融发展指数”，成立了中国产业金融智库，启动了齐鲁“1+6”梦工场。国家相关部委领导、来自美国、德国、英国、中国香港及境内的知名经济学家、金融机构代表作为演讲嘉宾，围绕“国际产业金融发展新模式”“金融支持实体经济发展新路径”“金融创新，推进金融改革”及“中国经济转型发展的新引擎”等主题进行交流。美国经济学家迈克尔·佩蒂茨、伦敦证券交易所集团中国首席代表乔恩·艾德华、德国政府经济专家委员会成员彼得·博芬格、国家金融发展实验室副主任（浙商银行首席经济学家）殷剑峰等分别做了主题发言。打造了一场产业金融国际专家、学者、机构、企业家思想交流、智慧碰撞、资源对接的盛会，吸引了众多媒体的关注报道。

图10.5.1 中国（济南）产业金融国际论坛（2017）主会场

图 10.5.2　中国（济南）产业金融国际论坛（2017）对话环节

10.5.2　济港产业金融深度合作

1. 举办高层次合作交流会

2017 年 9 月 5 日，由济南市金融办主办，香港金融资产管理控股公司和亚洲财经资本集团公司共同承办的“济港产业金融合作洽谈会暨济港产业金融合作签约仪式”在香港隆重举行。2017 年 9 月 19 日，由市金融办、市外侨办、香港金融资产管理股份有限公司、香港亚洲财经资本集团共同承办的济港产业金融深度合作洽谈会在济南举行。在举办高层次合作交流会的基础上，积极促进合作共识转化为合作成果。

2. 合作建设济港金融合作服务平台

2017 年 10 月，香港金融资产管理控股有限公司、亚洲财经集团有限公司与济南高新区管委会共同设立“济南国际金融服务中心”，助力济南市区域性金融中心建设，为济港两地深度合作搭建服务平台。

3. 开展济港资本市场合作对接

2018 年 7 月 23 日至 26 日，成功举办“走进港交所”活动，加强济南与香港资本市场的深度合作对接，打通济南优质企业到香港上市融资的通道。此次活动与港交所及相关中介服务机构、投资机构建立了良好的沟通合作机制，为更多批次优质拟赴港上市，打造济南企业的“香港上市集群”奠定了基础。

4. 筹建济南产业金融国际（香港）工作站

2017 年末，开始筹备济南产业金融国际（香港）工作站，力争打造成为济南在港招商引“智”与招商引资的窗口，发挥济港两地合作的桥梁作用。

10.5.3 济德产业金融加快合作

1. 法兰克福工作站迅速进入角色

2017 年 6 月，济南市与德国开元周游公司合作成立济南产业金融国际（法兰克福）工作站，努力打造成为济德产业金融学习交流、济南金融人才培训、金融信息交换、海外金融招商引资的重要平台。工作站成立一年以来，大力推介济南市金融政策和良好金融环境，积极联络有意向去中国、去山东布局设点的德国金融机构，为济南金融干部德国培训班组织授课和交流活动，为济南对标德国产业金融做出了积极努力。

2. 成功举办中德（济南）产业金融“新动能”发展论坛

2017 中德中小企业合作交流大会上，成功举办中德（济南）产业金融“新动能”发展论坛。山东省金融办主任李永健，中国加入 WTO 谈判首席谈判代表、原外经贸部副部长、博鳌亚洲论坛原秘书长龙永图，德国储蓄银行金融集团国际合作基金会执行主席尼克劳斯·伯格曼，德国汉堡驻济南联络处副主任潘桦，渣打银行（中国）有限公司济南分行行长王敬禹等来自中德两国的专家、学者、企业家代表，以“全球视野下的产业金融创新与实体经济发展”主题，共同为济南市区域性金融中心建设出谋划策。

3. 成功举办中国济南（德国）投资合作交流会

2018 年 4 月 23 日，由济南市人民政府主办，济南市投资促进局、中国国际投资促进中心（德国）和欧洲时报德国分社承办的中国济南（德国）投资合作交流会在汉诺威工博会上举行，活动吸引了近百位中德嘉宾参加。

4. 开展济德金融人才培养合作

2017 年 10 月，在德国举办了第一期“实体产业与金融服务协调发展”德国专题培训班，开展实地培训和学习考察德国产业金融发展经验。

10.6　济南金融明星企业阵容闪耀

10.6.1　全国唯一持金融牌照的金融科技企业——山东省城市商业银行合作联盟

1. 企业概况

山东省城市商业银行合作联盟有限公司（以下简称商行联盟），2008 年经中国银监会批准成立，是目前全国唯一持有金融牌照的中小银行金融科技服务公司。联盟成立时，由原山东省 14 家城商行发起，2010 年引入长安银行，目前已有 15 家联盟股东。联盟注册资本 4. 65 亿元，正式员工 600 余人，其中，专业技术人员占比达 89%。公司为中小银行提供核心业务系统、互联网金融系统、外联业务平台、大数据服务等全方位的信息科技解决方案以及培训、咨询、合作创新等多元服务。截至目前，已接入联盟的成员行 41 家，其中，城商行 15 家，村镇银行 25 家，民营银行 1 家；系统线上运行支持的银行资产近 1. 6 万亿元。从近十年的发展和实践历程看，联盟已经成为一家显著区别于国内其他合作平台，粘性极高、共享特征明显、规模效益显著、以中小银行特别是城商行 1+N（1 为核心业务系统、N 为外围应用系统）信息科技服务能力为核心专长的金融科技共享服务平台。联盟的创新模式被誉为“城商行改革发展的第三条道路”。

2. **发展业绩**

助力中小银行践行数字化转型。近年来，商行联盟聚焦于精准营销、智能风控、智慧运营等方面，助力中小银行践行数字化转型。在精准营销领域，积极引入内外部数据、投放渠道、数据分析等合作资源，打造数据采集、用户画像、数据建模、营销策划、投放评价的全流程闭环的数字化营销体系，为用户提供全渠道一体化的体验；在智能风控领域，逐步构建自主的风控能力，根据产品和场景，构建适用的风控模型，加强在申请反欺诈、交易反欺诈、信用风险评估、贷后风险预警等方面的应用；在智慧运营领域，运用数据驱动智慧运营围绕安全、高效、集约、智慧的运营目标，以客户为中心，以数据为驱动，以业务价值为导向，以流程再造和集约化为着力点，实现网点的轻量化、后台的集约化、运营的机具化和管理的精细化，推动向数字化的智慧运营转变。

成立中小银行大数据联合实验室。2017 年 10 月，由商行联盟发起，清华大学、西南财经大学、德勤中国、sas、浪潮集团共同参与的产学研合作平台——“中小银行大数据联合实验室”成立。依托联合实验室，将实施必达计划。必达计划是商行联盟以既有的大数据工作平台为基础，通过内外部资源整合，着力构建面向中小银行大数据应用场景的技术支撑能力和创新引领能力，推动中小银行完成向大数据支撑下的运营、管理、决策转型，实现生态重构的行动计划。

10.6.2 城商行佼佼者——齐鲁银行

1. **企业概况**

齐鲁银行成立于 1996 年 6 月，是一家由国有股份、中资法人股份、外资股份和众多个人股份等共同组成独立法人资格的股份制商业银行，2004 年引入澳洲联邦银行入股，成为山东省首家、全国第四家与外资银行实现战略合作的城商行，2015 年在全国中小企业股份转让系统挂牌，成为全国第一家挂牌“新三板”的商业银行。截至 2017 年末，注册资本 41.22 亿元，资产规模 2362 亿元。2018 年上半年中国城市商业银行排名中，齐鲁银行在全国城商行中综合实力排名第 39 位①。

2. 发展业绩

拓展智慧金融服务。打造“银企家园”公司金融服务平台，以信息为梁，科技为柱、风控为基，旨在通过互联网技术，在齐鲁银行与公司客户之间，搭建“产融结合”桥梁，有效支撑银行与客户之间信息互通和业务协作，将金融服务更好的嵌入产业产供销场景，服务全产业链条，打造良好产业生态，推进银企联合创新和共管风险，营造“家园式”新型银企关系。平台运用了先进的安全认证、大数据、云服务等互联网技术，支持线上签订合同、银企系统对接交互、服务流程个性定制；纯线上操作，为企业客户提供一站式、全方位的“家园式”金融服务体验。

打造科技金融创新标杆。在当前国家大力实施创新驱动发展战略背景下，齐鲁银行将科技金融作为全行差异化发展的重要战略，着力打造科技金融特色服务品牌，在山东省内城商行中率先成立科技金融专门管理部门——科创金融管理部，率先在省内出台科技型企业认定标准，实现科技型企业的单独标示。设立专门的科技金融特色支行，开展标准化、专业化经营，满足了科技型企业特殊的融资需求。建立了以“科贷宝”为核心品牌的涵盖 10 余项专属产品的科技金融产品体系，可以满足不同类型、不同阶段、不同行业的科技型企业融资需求。探索“科技部门推荐企业、评估公司评估知识产权价值、保险公司根据评估情况出具保函、银行根据保函发放贷款，政府发放补贴”的专利权质押保险贷款新模式。

设立全国首个物流支行。结合济南物流中心建设，齐鲁银行，深耕

① 资料来源：2018《互联网周刊》& eNet 研究院。

物流供应链金融创新，创造性成立全国首个物流专业支行，使物流金融专业化运作。针对物流行业与金融行业的特征，创新与物流行业相关的结算、融资类服务业务，加大物流企业合作及扶持力度。搭建物流信息平台，借助物流信息平台可有效带动物流企业收付款、融资业务物流信息监测、运输车辆按揭贷款在线申请、代垫运费等业务开办，打通资金流与物流之间的隔膜，推动与物流行业相关的结算、融资类服务业务，为物流企业带来结算、存款、融资便利。

致力县域金融全覆盖。“县域全覆盖”是齐鲁银行机构设置的基本原则。每年的机构发展规划优先考虑在分行空白县域设立机构，持续推进金融网点和经营重心下沉，将内部资源、政策向县域倾斜，提高县域金融服务的精准性和有效性。先后推出的“惠农-消费贷”“惠农-经营贷”“惠农-农资按揭贷”等惠农系列贷款产品，就是为县域居民量身定制、推动金融服务“接地气”。通过财政贴息、风险分担、风险补偿等政府优惠政策不断降低农民贷款成本，让普惠金融的阳光惠及广大老百姓。

紧随金融科技前沿。2018 年 1 月，齐鲁银行与浪潮集团成立的金融科技联合创新实验室将围绕小微企业、个人信贷等业务，利用云计算、大数据、人工智能、区块链等前沿科技核心技术在金融领域展开深入研究和重大关键性技术研究，搭建全国金融科技领域重要创新基地和平台，培养高素质研究团队。

10.6.3 港港信托第一股——山东省国际信托

1. 企业概况

山东省国际信托股份有限公司（以下简称“山东国信”）初创于 1987 年 3 月，前身为“山东省国际信托投资公司”，是经中国人民银行和山东省人民政府批准设立的非银行金融机构。山东国信成立 30 多年以来，充分发挥信托制度优势支持国家和地方经济，有效嫁接了货币市场、资本市场和产业市场，形成了信托业务和固有业务“两驾马车”，实现了事务管理型信托、主动管理型信托和财产权信托等产品的“多轮驱动”，构建了“根植山东，辐射全国，走向国际”的发展格局，逐步发展成为综合实力领先、品牌美誉度高的综合金融和财富管理服务提供商。截至2017年12月31日，山东国信总资产达到129.02亿元（人民币，下同），信托资产规模达到2634.08亿元；2017年实现营业总收入16.48亿元，同比增长24.1%；实现归属本公司股东的净利润8.948亿元，同比增长7.4%；实现信托业务收入为11.34亿元，同比增长33.7%。值得一提的是，自中国信托业协会开展全行业评级以来，山东国信持续获得最高评级A级。山东国信的发展在山东省内也获得了高度评价和认可，连续三年被山东省政府授予“金融创新奖”，在地方金融企业绩效评价中，综合评价始终保持了最高AAA级。

2. 发展业绩

登陆资本市场成为港股信托第一股。2017年12月8日，山东省国际信托股份有限公司在香港联合交易所主板成功挂牌上市，股票简称“山东国信”，股票代码1697.HK，实现了内地信托公司香港上市“零”的突破，也是时隔23年内地信托公司再次登陆资本市场，成为内地信托登陆国际资本市场第一股和港股信托第一股。

回归本源服务实体经济本源。依托信托制度优势和既有项目管理经验，突出国有资本的示范引领作用，山东国信积极推动传统产业改造升级。点对点精准对接德州新州生态农业公司融资需求，通过信托产品支持其构建“公司加基地、基地连农户”的新型农业模式。为滨州西纸坊的黄河古村风情带乡村旅游PPP项目提供4.64亿元的融资支持。

积极探索创新转型。山东国信积极探索集约化、创新化发展道路。围绕投融资服务平台和财富管理平台建设，已形成工商企业信托、基础设施信托、房地产信托、证券投资信托、上市公司综合金融服务信托、家族信托和慈善公益信托等全方位、多层次的信托产品线，先后发行省内第一只保险金家族信托、标准化慈善信托和家族慈善信托，在业内率先开展信托受益权转让业务的研发及平台建设，并打造了一系列信托品牌。山东国信正在建立成熟的大运营模式，实现信托业务非现场管理的投管分离。同时，打造“智慧信托”，全面推动信息化向智能化升级，并进一步加强风险管理体系建设。

附录一　中国产业金融发展指数指标数据

三级指标	2012 年	2013 年	2014 年	2015 年	2016 年	2017 年
社会融资规模存量与金融机构本外币存款余额之比（%）	96.99	100.43	104.74	98.93	100.30	103.17
社会融资规模存量增速（%）	19.13	17.55	14.34	12.48	12.81	11.96
固定资产投资增速（%）	20.30	19.30	15.30	9.80	7.90	7.00
当年社会信贷类融资增量与 GDP 之比（%）	24.53	25.68	21.11	16.99	18.24	21.91
非金融企业及机关团体贷款余额与 GDP 之比（%）	92.12	92.70	95.97	99.80	100.08	97.95
非金融企业及机关团体贷款余额增速（%）	14.49	10.85	12.00	11.28	8.29	8.79
直接融资（增量）与 GDP 之比（%）	4.64	3.42	4.37	5.37	5.70	1.60
商品期货市场年度成交额与 GDP 之比（%）	176.33	212.46	198.72	198.06	238.42	197.44
私募股权投资规模与 GDP 之比（%）	0.32	0.32	0.68	0.76	1.00	1.46
保险深度	2.87	2.89	3.14	3.52	4.16	4.42
保险总资产与 GDP 之比（%）	13.61	13.92	15.78	17.94	20.31	20.25
新增为全社会提供风险保障额与 GDP 之比（%）	281.3	319.2	456.5	876.6	880.2	2153.2
直接融资占社会融资规模增量比重	15.90	11.74	17.16	24.00	23.82	6.80
私募股权投资规模与社会融资规模增量之比（%）	1.08	1.09	2.67	3.41	4.18	6.23
境内股票市场非金融类企业市值占比（%）	63.52	67.84	67.01	77.17	76.02	76.08
非金融企业境内股票融资占比（%）	50.61	49.15	48.50	42.72	55.35	54.27

续表

三级指标	2012年	2013年	2014年	2015年	2016年	2017年
房地产开发企业国内贷款占行业比重（%）	23.46	36.43	32.09	29.00	37.74	38.55
小微企业贷款余额占比（%）	28.60	29.40	30.40	31.20	32.10	33.00
涉农贷款占金融机构本外币贷款余额比重（%）	21.70	23.01	24.07	23.76	23.52	24.68
西部十二省市社会融资规模增量占全国比重（%）	19.95	21.89	23.67	21.12	17.38	19.31
绿色信贷规模占比（%）	9.13	8.69	8.75	8.13	7.72	7.61
新增绿色信贷规模占比（%）		5.56	9.16	3.90	4.48	6.68
绿色债券占企业债券融资额的比重（%）					0.58	0.62
境外贷款占比（%）	2.03	2.07	2.12	2.70	2.90	2.73
当年境内企业境外IPO上市家数占比（%）	31.56	100.00	52.47	39.17	34.20	13.10
私募基金国外投资金额占比（%）		6.07	24.52	22.44	21.38	14.53
境外投资者在股票市场的比重（%）	1.02	1.27	1.10	0.99	1.19	1.03
人民币一般贷款加权平均利率（%）	7.07	7.14	6.92	5.64	5.44	5.80
GDP与社会融资规模增量之比（%）	342.81	343.74	392.35	447.26	417.68	425.41
银行业集中度（%）	46.93	45.38	43.43	41.30	39.28	38.74
商业银行净利息收益率（%）	2.75	2.68	2.70	2.54	2.22	2.10
境内股票融资额与股票市场交易额之比（%）	1.58	0.96	1.21	0.70	1.76	1.43
证券业集中度（%）	33.55	39.87	40.68	39.23	47.44	40.30
保险资金运用率（%）	65.79	70.55	72.88	78.22	81.45	87.08
保险业集中度（%）	59.85	57.10	53.84	48.75	43.87	43.98
财务公司占金融总资产比重（%）	1.46	1.56	1.68	1.85	1.88	2.08
金融上市公司中被产业集团控股的市值占比（%）	18.88	20.32	25.57	27.92	27.05	19.78
私募股权投资基金中的企业LP占比（%）	17.2	16.4	14.9	14.6	14.8	16.0
融资担保业在保余额与社会融资规模存量之比（%）	2.37	2.39	2.23	1.97	1.86	1.66

续表

三级指标	2012 年	2013 年	2014 年	2015 年	2016 年	2017 年
P2P 网贷平台贷款余额与社会融资总额存量之比（%）	—	—	0.11	0.40	0.77	0.99
众筹平台融资金额与社会融资总额增量之比（%）	—	—	0.01	0.10	0.19	0.18
私募基金管理规模（实缴）与 GDP 之比（%）	—	—	2.32	6.03	10.60	13.42
民营银行数量占商业银行总数的比重	—	—	0.14	0.42	0.64	1.11
融资租赁合同余额与社会融资规模存量之比（%）	1.69	1.95	2.60	3.21	3.42	3.47
小额贷款公司贷款余额与社会融资规模存量之比（%）	0.65	0.79	0.77	0.68	0.60	0.56
每万家企业新三板市场挂牌数（%）	—	—	0.86	2.35	3.91	4.00
每万家企业区域性股权市场挂牌率（%）	—	4.49	13.74	20.53	29.58	28.94
创业板年度融资量占股票市场融资量比重	7.47	1.74	5.58	8.83	9.99	9.29
私募股权投资基金新增募资金额与 GDP 之比（%）	0.40	0.42	0.79	1.14	1.84	2.16
年度创投投资规模与 GDP 之比（%）	0.25	0.15	0.38	0.56	0.52	0.74
并购交易规模与社会融资规模增量之比（%）	2.01	3.27	4.42	6.77	10.35	9.73
商业银行资本充足率	13.25	12.19	13.18	13.45	13.28	13.65
资本市场年化波动率	39.64	41.42	40.25	69.97	48.21	40.21
保险行业综合偿付能力充足率（%）	—	—	230	264	247	251
非法集资涉案金额与社会融资总额增量之比（%）	—	0.54	1.14	1.91	1.41	0.92
腐败控制水平	40.28	44.55	45.67	48.56	49.04	—
营商便利度	58.58	61.13	63.14	62.86	64.28	—
法治水平	35.68	38.97	38.94	39.9	46.15	—
政府引导基金与私募基金管理规模之比（%）	—	—	8.65	30.81	30.36	31.38

续表

三级指标	2012 年	2013 年	2014 年	2015 年	2016 年	2017 年
国家财政科技支出占总支出比重（%）	3.54	3.63	3.50	3.33	3.50	3.58
政府效率（%）	57.82	55.45	64.9	68.27	67.79	—
每百万人口注册会计师数（%）	70.53	70.07	70.42	73.75	74.55	75.95
每百万人口执业律师数（人）	171.62	182.71	198.46	216.19	236.49	262.57
每百万人口资产评估机构数（人）	2.26	2.32	2.34	2.37	2.39	2.90

后　记

本书的编制得到了业界同人以及济南市金融办的大力支持，在此致以衷心的感谢。

本书的主体分三个部分，共十章。参与本书编制工作的研究人员包括：张建森、刘国宏、余凌曲、胡彩梅、张祥、余鹏、张佩、梁姣姣、彭晓钊、陈材杰、肖钦、季隆展等。

在 CIFDI 评价过程中，统计数据的准确获得是编制工作的最大困难，一些行业统计年鉴和行业公开数据时间滞后，直接影响本指数发布时间的及时性。未来希望感兴趣的业界同人或行业监管机构能够共同参与指导本书的修订完善。

CIFDI 课题组联系方式如下：

网站：http：//www. cfci. org. cn

联系人：张祥

电话：0755-82470464

传真：0755-82470202

Email：zx@ cdi. org. cn